L. Baumblatt

**Die Tochter des Bauherrn**

Eine historische Novelle aus dem siebzehnten Jahrhundert

L. Baumblatt

**Die Tochter des Bauherrn**
*Eine historische Novelle aus dem siebzehnten Jahrhundert*

ISBN/EAN: 9783743487819

Hergestellt in Europa, USA, Kanada, Australien, Japan

Cover: Foto ©ninafisch / pixelio.de

Weitere Bücher finden Sie auf **www.hansebooks.com**

# Die
# Tochter des Bauherrn.

## Eine historische Novelle

aus dem siebzehnten Jahrhundert.

Von

**Friedrich Haller.**

---

Kaiserslautern.
Druck und Verlag von Phil. Rohr.
1866.

# Die Tochter des Bauherrn.
Eine historische Novelle aus dem siebzehnten Jahrhundert.
**Von Friedrich Haller.**

## I.

Der Weihnachtsabend des Jahres 1688 zog düster und schauervoll durch die Thore der Reichsstadt Speyer. Er fand kein Haus, in dem ein freundlich geschmückter Christbaum des Augenblicks der Bescheerung geharrt, kein fröhliches Kindergesicht, welches dem Christkindlein entgegengejauchzt hätte. Kummer und Trübsal lagen auf den Gesichtern der Eltern, Trauer und unwillkürliche Entsagung auf jenen der Kinder. Der Engel der unschuldigen Freuden war aus den Familienkreisen gewichen und hatte dem unheilverkündenden Trauerboten Platz gemacht, der Thränen und Wehklagen im Gefolge hatte. Es war das Trauern einer Reichsstadt um ihre verlorene Freiheit, das Jammern deutscher Herzen, die unter dem Joche der Franzosen erdrückt zu werden bedroht waren.

Erst drei Monate war die Stadt im Besitze der französischen Truppen, und doch hatten die Bewohner der Drangsale so Viele erduldet, als seufzten sie schon Jahrzehnte unter dem Drucke fremder Herrscher. Ludwig XIV., der schonungslose Eroberer, hatte Männer an des Rheines Ufer gesandt, die den Befehl ihres Herrn mehr als zur Genüge befolgten. Der Minister Louvois hatte diese Männer herauszufinden gewußt, und er hätte keine bessere Wahl treffen können. Der Obergeneral Monclar, der General Mélac, der Marschall Duras und der Kriegsintendant La Fond waren Leute, auf deren Vertilgungs- und Zerstörungswuth man sich am Pariser Hofe verlassen konnte, und ihnen war der schreckliche Befehl gegeben, die ganze Pfalz in einen Schutthaufen zu verwandeln.

Solche Gäste beherbergte die stolze freie Reichsstadt während des Christabends des erwähnten Jahres. Draußen wirbelten die Schneeflocken umher und fielen auf einen von Fremdlingen beherrschten Boden. Der deutsche Rhein, dessen Wellen langsam unter der halbgebrochenen Eisdecke fortrollten, schien über das unerhörte Geschick zu trauern, das sein Gestade und ihn selbst getroffen hatte.

Die Natur war erstarrt, die Menschen waren gebeugt und kummerbeladen, und nur die herzlosen Eroberer freuten sich ihrer zügellosen Freiheit, mit den Unglücklichen nach Willkür verfahren zu dürfen.

In dem matterleuchteten Zimmer eines prächtigen Gebäudes saß der freireichsstädtische Bauherr Leonhard im Kreise seiner Familie bei einem einfachen Abendessen. Die tiefe Stille, die in dem Gemache herrschte, wurde nur durch die Pendelschläge einer Wanduhr gestört, welche die achte Stunde zeigte. Vater Leonhard saß in Gedanken versunken in einem großen gepolsterten und mit braunem Leder überzogenen Ruhesessel; ihm zu beiden Seiten sein etwa achtzehnjähriger Sohn Gottfried und eine blühende Jungfrau, seine Tochter Mathilde, die zwanzig Jahre zählen mochte.

„Immer ärger," sagte der Bauherr, „immer gewaltiger und grausamer! Jetzt sollen wir noch mit eigenen Händen unsere Stadtmauern niederreißen, die unsere Vorfahren mit so großem Kostenaufwand errichtet und erhalten haben! O es ist haarsträubend, wenn man bedenkt, daß unsere Wohnungen, unsere Paläste und Kirchen wie Bauerngehöfte daliegen werden, ohne Zusammenhang, ohne unsere Mauern mit ihren stolzen Wartthürmen, die der Stadt ihre Hauptzierde, ihre Würde, ihr Ansehen verleihen. Eine Stadt ohne Mauern sinkt zu einem Dorfe herab, und es ist doch schrecklich und herzzerreißend, sich unsere freie Reichsstadt, die Ruhestätte von acht deutschen Kaiser, als ein gewöhnliches Dorf denken zu müssen."

„Was nützt das Klagen, Vater?" sagte Gottfried, „was nützt das Jammern, wenn man nicht im Stande ist, dem Uebel abzuhelfen? Der Feind ist Herr des Platzes, unumschränkter Herr, denn so wurde es heute auf dem Domplatze verkündet, und wer sich nicht drein fügen will, wer es wagt, dieser Anmaßung nur mit einem Worte entgegenzutreten, ist dem Strange verfallen."

„Schrecklich!" seufzte der alte Mann.

„Ja, schrecklich!" wiederholte der Sohn mit verbissener Wuth. „Größeres Unglück hätte uns wohl nicht treffen können, als diese Wütheriche bei uns eintreten zu sehen. Warum hat man ihnen aber auch die Thore geöffnet? warum es nicht zum Aeußersten kommen lassen? O es war nicht wohlgethan, daß die Väter der Stadt sich so leichten Kaufes ergeben haben, und sie werden's wohl schwerlich verantworten können."

Bei diesen Worten richtete der Bauherr sein Haupt rasch in die Höhe und sagte mit etwas gereizter Stimme:

„Wie magst Du, unerfahrener Junge, das Thun und Lassen betagter Männer tadeln? Wie kannst Du, dessen Lippen kaum vom Flaum bedeckt worden, die Handlungen derer deuten, die in ihrem Amte ergraut sind? Die weisen Väter unserer Stadt haben wohl erwogen, was geschehen müsse, und ihren Entschluß trifft nicht der kleinste Tadel. Hätten sie die Stadt nicht übergeben, so läge sie heute in Trümmern; hätten sie die Schlüssel nicht zu rechter Zeit überreicht, so würden unsere Paläste in Asche gelegt und vielleicht selbst das erhabene Münster nicht verschont worden sein. Hier hieß es: gute Miene zu bösem Spiele machen."

„Ich wollte Dich nicht reizen, Vater!" erwiederte Gottfried, „aber ich habe so Manches von der Liebe zum Vaterlande reden hören, so manches Beispiel von Selbstaufopferung der Alten gelesen, wenn man ihr Heiligstes, ihren häuslichen Heerd, antasten wollte, daß ich zu der Frage berechtigt zu sein glaube, ob denn in der Neuzeit das Leben theurer geworden, das Vaterland aber im Preise gesunken sei? Ich, meines Theils, würde mich glücklicher geschätzt haben, unter den Trümmern unserer Thore gefallen zu sein, als mich heute schmachbeladen am Kamine zu wärmen und zuzusehen, wie die große Vergangenheit meiner Vaterstadt verspottet und der geheiligte Boden des Vaterlandes geschändet wird."

„Ich zürne Dir keineswegs," sagte der Vater mit zitternder,

weicher Stimme, indem er die Hand seines Sohnes in die seinige nahm und sie mit Innigkeit drückte, „nein, ich zürne Dir nicht ob Deiner Rede. Weiß ich ja, daß Du ein wackerer Junge bist, der seinen Vater und sein Vaterland mit gleicher Liebe liebt. Doch mag ich's nicht leiden, wenn sich die Jugend über's Alter erheben und über dessen Thun richten will. Laß es jetzt gut sein!' Es ist einmal geschehen und nicht mehr zu ändern. Gebe Gott, daß nicht noch größeres Unglück über uns hereinbreche! — Doch was ist Dir, Mathilde, mein gutes Mädchen? Es ist ja etwas ganz Befremdendes, daß Du so lange schweigst und so in Dich gekehrt dasitzest. Du bist ja jetzt die Mutter des Hauses und wohl berechtigt, im Familienrathe ein Wort mitzureden. Sage, mein Kind, was hat Dich so verstimmt?"

Doch statt der Antwort warf sich Mathilde, laut schluchzend, an des Vaters Brust und weinte aus dem Grunde ihres Herzens.

„Was ist Dir, mein Kind? Rede, was hast Du?" fragte besorgt der Vater.

Da aber das weinende Mädchen nicht antwortete und den Vater immer inniger an sich schloß, so nahm der Bruder das Wort und sagte:

„Vater, erlaube Deinem Sohne, im Namen seiner Schwester zu antworten. Ich kenne Mathildens Kummer und theile ihren Schmerz. Ein Jahr ist bereits verflossen, als mein Freund Albert, der treuherzige und wackere Künstler, dessen Kunstgebilde mit Recht allenthalben bewundert werden, um Mathildens Hand anhielt. Du wiesest ihn mit harten Worten zurück und untersagtest ihm den ferneren Zutritt in unser Haus. Treu Deinem Gebote, betrat er seitdem unsere Schwelle nicht mehr und vermied es selbst, der Schwester auswärts zu begegnen, obwohl seine Liebe zu ihr von Tag zu Tag zunahm. Nur mir vertraute er sich an und sagte mir, daß ihn der Schmerz aufzureiben drohe. Heute nun, an dem Tage, wo sonst alle Herzen dem Christabend und dessen Geschenken freudevoll entgegenjauchzen, hat es der Kunstjünger gewagt, der Heißgeliebten eine Freude zu machen und mich ersucht, ihr ein Bild zu überreichen, das er eigens für sie mit Fleiß und Geschicklichkeit gefertigt hat. Ich gab es der Schwester, sie nahm und küßte es wohl tausendmal, und mit dem Anschauen des Kunstgebildes erwachte die Liebe zu dem Künstler in ihrer vollen Kraft wieder bei Mathilden. O Vater, ändere Deinen Sinn und bedenke, daß harte Zeiten gekommen sind, wo das Weib den Schutz des Mannes nicht entbehren kann und jede Familie sich glücklich preisen muß, wenn sie der Getreuen recht viele hat, die sie beschützen und ihren Schmerz tragen helfen. Laß den Freund wieder bei uns einziehen, Vater! Gieb der Tochter den Geliebten, dem Sohne den Freund zurück!"

„Ist es das," sagte der alte Bauherr, sich aus den Armen seiner Kinder losreißend und im Zimmer auf- und abgehend, „ist es das, was Dich so begeistert von Deiner Vaterlandsliebe reden machte? Du wolltest mich nur deßhalb weich stimmen, damit ich Deinem und ihrem Wunsche nachgebe? Nein, nimmermehr! Dieser Künstler, der seine Kunst als die allein erhabene und göttliche rühmt, soll fern von dem Hause des Baumeisters bleiben, dessen Gewerbe er nicht höher achtet, als Unsereins das des Straßenkehrers."

„Du irrst Dich, Vater!" sagte Gottfried, „nie ist es Albert eingefallen, unser Gewerbe zu schmähen, und als Beweis, daß er sein Augenmerk gerade auf die hohe Kunst der Baugewerke richtet, möge der Umstand dienen, daß er den Gegenstand zu seinem Kunstwerke gerade unserm größten Bauwerk, unserm Kaiserdom entnommen hat. Aber es ist keine Copie von einem der herrlichen Bilder, die sein Inneres schmücken, sondern die treue Nachbildung eines andern Kunstwerks aus alter Zeit. Zeig' es dem Vater, Mathilde, und laß sehen, was er davon hält."

Das Mädchen holte ein kleines Bild aus dem Nebenzimmer und reichte es dem noch immer zürnenden Vater hin.

Dieser setzte sich wieder nieder und warf einen flüchtigen Blick auf das Gemälde. Doch zusehends wich der Groll von seinem Gesichte und machte einer angenehmen Ueberraschung Platz. Seine Züge nahmen das Gepräge der wachsenden Befriedigung an; er betrachtete das Bild mit Kennerblicken, lächelte beifällig und schien ein ganz Anderer geworden zu sein.

„Ja," sagte er mit immer steigender Theilnahme und keinen Blick von dem Kunstwerke abwendend, „ja, treu, schön und kunstgerecht! So, und nicht anders, denke ich mir Heinrich IV., den edlen Dulder, so, und nicht anders, seinen Sohn, Heinrich V. Das Original dieser Gemälde, das das Portal unseres Domes schon über fünfhundert und fünzig Jahre ziert, ist ein heiliges Gut für die Stadt Speyer; denn dreimal wurde im Verlaufe der Zeiten der Dom, theils vom Wasser, theils vom Feuer, mehr oder weniger unterwühlt oder verzehrt, aber immer wurden die Bilder der beiden Kaiser mit der goldnen Inschrift gerettet, welche die Freiheiten unserer Stadt bekundet, die von Heinrich V. gewährleistet wurden. Nachdem im Jahre 1450 der Dom durch eine verheerende Feuersbrunst gar arg heimgesucht, aber bald darauf wieder hergestellt wurde, hat mein Urgroßvater, der gerade als wandernder Geselle in der Stadt anwesend war, die Bildnisse mit der Inschrift so gewandt und symmetrisch wieder eingefügt, daß ihm allgemeines Lob zuerkannt und das Meister- und Bürgerrecht ertheilt wurde. Seit jener Zeit zieren sie das Portal unserer Kathedrale, und so oft ich vorbeigehe und den Blick in die Höhe richte, erinnere ich mich meines Vorfahren, der durch seine Geschicklichkeit unser Haus gegründet und unser Geschlecht zu Wohlstand und Ansehen gebracht hat. Ja, ich muß es gestehen, Dein Freund hat einen guten Gedanken gehabt, die Bildnisse zu contrefeien, und ich kann es nicht verhehlen, er hat seine Sache gut gemacht."

„Albert weiß, welchen Zusammenhang diese Gemälde mit unserer Familie haben," sagte Gottfried, „und die Liebe zu unserm Hause hat ihn so sehr begeistert, daß er Tag und Nacht unablässig an seinem Kunstwerk arbeitete, um es heute der Schwester überreichen zu können."

„Das war brav von ihm," sagte der Bauherr. „Nun denn, es sei! Er hat den rechten Fleck getroffen und mag denn in Gottes Namen wieder kommen. Das Uebrige wird sich schon finden."

Bruder und Schwester warfen sich zu gleicher Zeit an die Brust des Vaters und dankten ihm aus vollem Herzen für diese Bescheerung am Christabend, die ebenso unerwartet und überraschend, als Beide beglückend gekommen war, und bewies, wie richtig der Maler seinen Weg gewählt hatte.

## II.

Der Obergeneral Monclar hatte den bischöflichen Palast zu seiner Residenz gewählt und sich dort mit seinen Offizieren wohnlich eingerichtet. Die Herren des Platzes fühlten nicht nur ihre Ueberlegenheit über die Ohnmacht der Bewohner, sondern sie wußten dieselbe auch in ihrer weitesten Ausdehnung zur Geltung zu bringen. Tagtäglich hörte man von neuen Bedrückungen, von neuen ungerechten Forderungen, denen der Rath und die Bürger Folge leisten mußten.

„So mußte es kommen," sagte ein Hauptmann, der mit mehren Offizieren bei Monclar um eine Tafel saß und sich den Rheinwein trefflich schmecken ließ. „So mußte es mit diesen Deutschen kommen, die es heute noch nicht verschmerzen wollen, daß ihnen unsere tapfere Armee das Elsaß abgenommen hat. Es war eine gute Prise, die unsern Braven nicht weniger Ehre machte, als die schnelle Besitznahme dieser Provinz. Die Rheinpfalz ist aber auch ein gar schönes Stück Land! das muß man sagen. Sie hat einen Wein wie Nektar, und Bewohner, fügsam wie unschuldige Lämmer."

„Herr v. Legrand vergißt die Hauptsache!" sagte ein junger Lieutenant, der dem Knabenalter kaum entwachsen war, „er vergißt die schönen Mädchen mit den schmachtenden Blicken, die den tapfersten Krieger zum Sklaven machen und ihn an ihren Siegeswagen spannen. O, ich habe Mädchen hier gesehen —"

„Nicht schon verliebt, Herr v. Toussaint?" fragte der Obergeneral mit einem ironischen Lächeln, „nicht schon zum Sklaven einer schönen Deutschen geworden? Es sollte mich wundern, wenn dem nicht so wäre. Gestehen Sie es nur, es hat gewiß schon Eine die Lunte an Ihr leicht entzündbares Herz gelegt."

„Wer weiß," erwiederte der Angeredete, „wer weiß, wie es um mich steht! Man sagt, die Jugend kenne sich selbst nur wenig und verstehe nicht, was in ihrem Innern vorgeht. Ich will es glauben und gerne zugeben, daß ich nicht recht einig mit mir bin, und daß es nur eine auflodernde und bald zu erlöschende Flamme sein mag, die seit einigen Tagen lichterloh in meinem Herzen brennt und es zu verzehren droht."

„Aha! das wird interessant!" riefen die Offiziere einstimmig aus: „Also wirklich schon eine Liebschaft?"

„Ich mag es noch nicht so nennen," entgegnete Toussaint, „da ich noch nicht einmal weiß, wer das Mädchen ist. Ich begleitete den Herrn Obergeneral vor einigen Tagen auf einem Spazierritt, und als wir durch die Wormser Straße kamen —"

„Durch die Wormser Straße?" fiel Monclar überrascht ein, und nach einer kurzen Pause sagte er mit einer umwölkten Stirne: „Meine Herren, die Stunde unseres vertraulichen Beisammenseins ist vorüber, gehen Sie an Ihre Geschäfte. Sie, Herr Hauptmann v. Legrand, bleiben noch, da ich Ihnen einige specielle Befehle zu ertheilen habe."

Die Offiziere sahen sich erstaunt einander an, denn die Stunde, die ihnen der Obergeneral täglich gestattet hatte, um sie zwanglos bei ihm zuzubringen, war noch nicht abgelaufen, und es befremdete sie, jetzt schon wieder den Befehlshaber vor sich zu sehen, der kein vertrauliches Wort mehr duldete, sobald diese Stunde vorüber war.

Sie entfernten sich mit einem militärischen Gruß und ließen den Hauptmann v. Legrand allein bei Monclar zurück.

„Herr Hauptmann!" redete ihn der Obergeneral an, „Ihr Diensteifer ist mir bekannt, sowohl in Unternehmungen, die im Namen des Königs gemacht werden sollen, als in Dingen, die Ihren Vorgesetzten persönlich angehen. Was erstere betrifft, so hat Sie Se. Majestät, auf meine Fürsprache hin, immer durch ein Avancement belohnt, und kaum achtundzwanzig Jahre alt, befehligen Sie schon eine Compagnie. Aber auch Ihr General hat gewiß nie verfehlt, Ihnen für die Dienste dankbar zu sein, die Sie ihm persönlich leisteten. Oder war es anders? Reden Sie, habe ich noch eine Schuld gegen Sie abzutragen?"

„Herr General!" antwortete Legrand, „die Regeln der Disciplin gebieten, daß der Soldat seinen Vorgesetzten unverbrüchlichen Gehorsam zu leisten habe. Aber auch ohne dieses Gebot würde ich meinem Könige und Ihnen, Herr General, gerne diesen Leib darbieten, wenn er gefordert würde, um einen Ihrer Wünsche zu erfüllen. Was wäre ich ohne die Großmuth Ihrer Familie? Eine arme Waise, wie ich war, nahm mich dieselbe liebevoll auf, ließ mir eine sorgfältige Erziehung geben und hat mich mit der Zeit lieb geworden. Mit den Jahren bewiesen mir Ew. Excellenz das größte Vertrauen. Sie überhäuften mich mit Wohlthaten und machten mich zu einem Manne. Sie haben dem unbedeutenden Menschen, ohne Eltern, ohne Familie, einen Namen gegeben, ihn Legrand genannt und ihm durch des Königs Gnade den Adel verleihen lassen. Und was habe ich für Sie gethan, mein General?"

„Still davon, Legrand! Das weiß ich Alles. Nun will ich Dir Gelegenheit geben, Deine Dankbarkeit, wenn Du wirklich glaubst, sie noch nicht genugsam gegen mich bewiesen zu haben, an den Tag zu legen und mich dadurch zu Deinem neuen Schuldner zu machen. Du siehst, daß ich den vertraulichen Ton wieder annehme und als Freund mit Dir rede. So höre denn, lieber Legrand:

„Der Lieutenant v. Toussaint hat vorhin von einem Mädchen gesprochen, das er auf einem Spazierritt in der Wormser Straße gesehen habe. Es mag Dir und Euch allen aufgefallen sein, daß ich unmittelbar nach dieser Aeußerung die vertrauliche Stunde abgebrochen und etwa auf die halbe Zeit abgekürzt habe. Es war offenbar und deutlich genug, daß Toussaint die Veranlassung zu dieser Maßregel gewesen sei; und so war es auch. Dieses Mädchen, welches ich damals zum zweitenmal auf dem Balcon sah — und offenbar dasselbe, von dem der Lieutenant redete — hat einen tiefen Eindruck auf mein Herz gemacht. Ich möchte gerade nicht auf mich anwenden, was der junge Toussaint von seinem Herzen sagte, daß er es selbst noch nicht kenne, denn ich habe Erfahrung genug, um mir über mein Thun und Lassen, ja selbst über meine geheimsten Gedanken, Rechenschaft geben zu können. Aber dennoch sehe ich hier noch nicht klar und muß Dir offen gestehen, daß ich nicht weiß, ob es wahre Liebe sei, was mein Inneres bewegt, oder nur die Laune des Augenblicks, die wieder verschwinden mag, sobald ich das Mädchen genauer kenne und vielleicht entdecke, daß das adelige Aeußere dieser majestätischen Gestalt nur von einer gewöhnlichen spießbürgerlichen Seele belebt und verunstaltet wird. Dazu, mein Freund, bedarf ich Deines Beistandes. Ich muß das Mädchen sprechen, muß es genauer kennen. Suche Mittel und Wege, mich in seine Nähe zu bringen, und Du wirst mich zu großem Dank verpflichten. Aber keine

Gewalt, Legrand! hörst Du? keine Gewalt! Die Eroberung darf nicht mit Feuer und Schwert, sondern muß mit Vorsicht, Klugheit und Gewandtheit gemacht werden. — Jetzt gehe, suche das Eckhaus mit dem Balcon, rechts in der Wormser Straße, auf und entwerfe einen vernünftigen Plan, der mich zum Ziele führt."

Glücklich über den neuen Beweis von Zutrauen, den ihm sein Gönner durch diesen Auftrag gegeben, verließ Legrand den General und kehrte nach seinem Gemache zurück, um über die Ausführung dieses Auftrages nachzudenken.

Unterdessen war im Hause des Baumeisters Leonhard Manches anders geworden.

Der Maler Albert war jetzt der tägliche Gast der Familie, und deren Oberhaupt fühlte sich immer mehr zu ihm hingezogen. Der Zunftstolz des alten Meisters hatte dem redlichen und harmlosen Charakter des jungen Künstlers weichen müssen, und an dessen Stelle trat nach und nach gegenseitige Achtung und Liebe.

Albert war der Sohn einer angesehenen Patrizierfamilie aus Nürnberg und vor einigen Jahren nach Speyer gekommen, um dort seine Kunst auszuüben. Er hatte den jungen Leonhard kennen gelernt, und sich eng an ihn angeschlossen. Durch ihn ward er der Schwester vorgestellt, und es hatte sich das Verhältniß gebildet, dessen wir im Eingang erwähnt haben. — Vater Leonhard hatte sich, wie gesagt, mit dem jungen Künstler wieder ausgesöhnt und ihm den Zutritt in sein Haus gerne gestattet. Während ihres Beisammenseins wurde oft und viel über die Kunst und deren Einfluß auf die Bauwerke der Alten gesprochen, und der erfahrene Meister legte dabei so viel Geschmack und Sachkenntniß an den Tag, daß ihn der Künstler immer mehr achtete und schätzte.

So saßen sie eines Tages traulich beisammen. Vater Leonhard hatte wieder seinen Sitz in dem gepolsterten Sessel eingenommen; seine Tochter Mathilde saß ihm zur Seite an einer weiblichen Arbeit und beiden gegenüber waren Albert und Gottfried damit beschäftigt, einen alten Kupferstich zu betrachten, den ihnen der Vater, als ein Erbstück seines Urgroßvaters, vorgelegt hatte.

Da wurde plötzlich angeklopft, und auf das „Herein!" trat, zum Erstaunen Aller, der Hauptmann Legrand in das Zimmer.

Der gewandte Franzose grüßte die Anwesenden mit einer solchen Freundlichkeit und Zutraulichkeit, daß sie nicht wußten, sollten sie sein plötzliches Erscheinen als einen Vorboten irgend einer frohen Botschaft begrüßen, oder es als Maske zu einer verborgenen Schalkheit verwünschen. Fast neigten sie sich aber ersterer Ansicht zu, denn der Hauptmann war so äußerst liebenswürdig, daß er dem alten Meister die Hand darreichte und sie selbst mit Innigkeit drückte.

„Sie sind erstaunt," sagte er mit einem freundlichen und liebevollen Lächeln, „daß ein Hauptmann Sr. Majestät Ihnen einen Besuch abstattet? Es thut mir leid, in der That herzlich leid, daß es so weit zwischen uns gekommen ist, eine Artigkeit von unserer Seite entschuldigen zu müssen. Ich komme, um Ihnen meinen Besuch zu machen."

„So seien Sie uns willkommen, Herr Hauptmann!" sagte Leonhard, „und ich bitte Sie Platz zu nehmen."

„Ich habe von den Bewohnern der hiesigen Stadt eine so gute Meinung bekommen," fuhr Legrand fort, nachdem er sich zwischen Vater und Tochter niedergelassen hatte, „daß ich dem Anstande es schuldig bin, den Vornehmsten derselben meine Aufwartung zu machen."

„Sehr schmeichelhaft für mich, doppelt ehrenvoll, Herr Hauptmann! Denn Sie erfreuen mich mit Ihrem Besuche und zählen mich zu den Bessern meiner Mitbürger."

„Verdienen Sie es nicht auch, Herr Leonhard? Sie sind allgemein geachtet und stehen außerdem in dem Rufe eines so wackern Baumeisters, daß man Ihnen in jeder Beziehung die gebührende Aufmerksamkeit nicht entziehen darf. Wer weiß, ob die Armee nicht bald Ihren Rath in Anspruch nehmen dürfte."

„Ich wüßte nicht, Herr Hauptmann, auf welche Weise ich der Armee von Nutzen sein sollte. Zum Aufbauen wird sie wohl keine Lust haben, und zum Niederreißen bedarf es nicht gerade eines Meisters, da dieses Geschäft jeder Handlanger verrichten kann."

„Seien wir offen gegen einander, Herr Leonhard! Sie tragen einen Groll im Herzen, der wohl Ihrer Vaterlandsliebe nachgesehen werden muß. Ich, meinerseits, und mit mir jeder gebildete Franzose, kann Ihnen nicht zürnen, wenn Sie Ihre verlorene Selbstständigkeit beklagen und sich nicht gerne den Gesetzen eines fremden Herrschers fügen. Aber bedenken Sie, daß Grundsätze wohl von Personen zu unterscheiden sind, und man dem Schwerte nicht zürnen darf, wenn es uns eine Wunde schlägt. Es wird geschwungen, mit Geschicklichkeit gehandhabt, und es führt den Schlag, weil der Arm, dem es anvertraut worden, es so gewollt hat. Der Soldat aber ist das Werkzeug der Politik; diese lenkt ihn nach ihrem Gutdünken, und er muß gehorchen, blindlings gehorchen, was ihm die Unerbittliche vorschreibt."

„Sie sind sehr gütig, Herr Hauptmann, mit einem schlichten Bürger in diesem Tone zu reden, und, ich gestehe es offen, ich fange an andere Begriffe von der hiesigen Besatzung zu bekommen. Obwohl —"

„O reden Sie aus, Herr Leonhard! Sie wollen sagen, obwohl diese Besatzung so arg in Ihrer Vaterstadt haust, deren Mauern niederreißt und sich manche Bedrückung zu Schulden kommen läßt. Ich weiß das recht gut! Doch glauben Sie ja nicht, daß derlei harte Maßregeln von den unmittelbaren Vorgesetzten ausgingen, da sie nichts anders, als die nothwendigen Folgen der Staatspolitik sind, die weder Schonung noch Mitleid kennt, wenn ihre Vortheile dabei gefördert werden."

„Sie behaupten also —"

„Ich behaupte, daß es Niemanden mehr Ueberwindung kostete, diese Maßregeln in Ausführung bringen zu lassen, als den Befehlshabern des hiesigen Platzes."

„Aber der Herr Obergeneral soll ja mit einer Generalvollmacht versehen sein, die es seiner Weisheit anheimstellt, welchen Maßstab er anzulegen für rathsam erachtet."

„So ist es, mein Herr! Aber Sie erlauben, wenn ich Ihnen bemerke, daß Sie den Sinn einer solchen Generalvollmacht nicht gebührend zu würdigen wissen. Der Herr Obergeneral ist ein edler Mann, voll des erhabensten Sinnes für Menschenwohl und Familienglück, aber unerbittlich und felsenfest in Ausübung seiner militärischen Pflichten. Monclar ist ein Franzose und treuer Anhänger seines Königs, und als man ihm das Obercommando der Armee übertrug, wurde ihm zugleich die Weisung gegeben, wie und in welchem Sinne er die Vollmacht benützen solle, die ihn zum Stellvertreter des Königs in der Pfalz ernannte. Ich wiederhole es, mein Herr! Monclar ist ein edler Mann und hat einen trefflichen Charakter."

„Diese Nachricht, Herr Hauptmann, erfüllt mich mit wahrer Freude und kann unserer armen Stadt nur von Nutzen sein. Wenn es nicht zu viel verlangt wäre, würde ich Sie ersuchen, uns dem Wohlwollen dieses edlen Herrn zu empfehlen und ihn zu bitten, unserer in Liebe zu gedenken."

„Das will ich gerne, Herr Leonhard! Aber, erlauben Sie mir diese Bemerkung, der Herr Obergeneral ist ein Mann von Herz und Gemüth und, obwohl selbst unvermählt, ein solcher Freund von einem gemüthlichen Familienleben, daß er es gerne sieht, wenn ihm eine ganze Familie ihre Huldigung darbringt. Es ist dies ein Erbtheil aus seinem Vaterhause, wo, neben dem Glanze, der dieses erhabene Geschlecht umgibt, die rührendste Eintracht und ein musterhaftes Familienleben herrschen, so daß das Haus Monclar auch in dieser Beziehung in ganz Frankreich sprichwörtlich geworden ist. Ich werde mir daher erlauben, ihm auch die Huldigung Ihrer Familie zu bringen."

„Thun Sie das, Herr Hauptmann!" sagte Gottfried, nichts Arges ahnend und die Worte des gleißenden Höflings für baare Münze nehmend. „Thun Sie das und versichern Sie den Herrn Statthalter, daß die Söhne und Töchter der hiesigen Bürger sein Andenken segnen werden, wenn er fortan mehr den Menschen, als den siegreichen Eroberer walten läßt. Bisher, erlauben Sie mir diese Offenheit, bisher haben wir keine Gelegenheit gehabt, seinen, von Ihnen so sehr gepriesenen, Charakter zu bewundern; denn das was bis jetzt geschehen ist, trägt mehr den Stempel des Uebermuths eines vom Glück begünstigten Eroberers, als den eines edlen und ehrenhaften Mannes an sich. Doch ich bitte, meine Worte nicht zu mißdeuten, da ich nach Ihrer Erklärung gerne glauben will, daß das Vorgefallene die Folge eines höheren Befehls war und der Herr Commandant nur widerstrebend so gehandelt habe."

„Eine offene Sprache!" sagte der Hauptmann mit verbissener Wuth, aber immer ein süßes Lächeln zur Schau tragend. „Dieser Freimuth gefällt mir, junger Mann, und sollte er auch manches Wort enthalten, das nicht jeder Franzose gleichgültig hinnehmen würde."

„Verzeihen Sie dem Bruder," nahm jetzt Mathilde das Wort, und der Hauptmann, dessen Wunsch es war, sich mit der Tochter des Baumeisters in ein Gespräch einzulassen, wendete sich zu der liebenswürdigen Sprecherin. „Verzeihen Sie, wenn sich mein Bruder etwas unvorsichtig äußerte und der Jüngling seinem jugendlichen Ungestüm nicht zu gebieten wußte. Wohl will es uns Frauen nicht geziemen, in Dingen mitzureden, die in das Gebiet der Staatsklugheit gehören. Aber Sie waren so liebenswürdig, ein freundliches Wort an unsere Familie zu richten und uns Alle gleichsam aufzufordern, in dieser wichtigen Lebensfrage keine stillen Zuhörer zu bleiben. Nun denn, Herr Hauptmann! auch ich gehöre zu der Familie, die Sie mit Ihrem freundlichen Besuche beehrten, und wahrlich, ich glaube keinen unwichtigen Posten in derselben zu bekleiden. Schon seit vier Jahren mutterlos, habe ich, als Mädchen von sechszehn Jahren, die bedeutungsvolle Stelle als Hausfrau übernehmen müssen. Mit vielfachen kleinern und größern Sorgen betraut, wird selbst die zarteste Mädchennatur, glauben Sie mir das, Herr Hauptmann, gestählt und gekräftigt, und wenn der Krieger auf dem Felde der Ehre zum Manne heranreift und sich zuweilen schon im jugendlichen Alter durch Kühnheit und Tapferkeit zu einer hohen Stufe emporschwingt, so ist das Hauswesen das Schlachtfeld der Frauen; dort tummeln und bewegen sie sich in ihrem Familienkreise, erkämpfen die Ordnung, den Gehorsam und — verzeihen Sie mir den Ausdruck — die Disciplin ihrer Untergebenen. Aber auf unserem Schlachtfelde gibt es noch ganz andere Kämpfe zu bestehen, Kämpfe, von denen Sie sich nichts träumen lassen. Wir haben es nämlich zuweilen mit hartnäckigen Feinden zu thun, die unserm Kampfesmuth keine Gerechtigkeit widerfahren lassen wollen und unser redliches Streben verkennen. Ich meine die Männer, mein Herr, die unsere Operationspläne durchkreuzen und die mit Sorgfalt und Umsicht geordneten Reihen in die größte Unordnung bringen. Aber wir laffen und durch diesen Zerstörungseifer nicht beirren und bauen von Neuem wieder auf, um unser Werk von Neuem zerstören zu laffen."

"Sehen Sie, Herr Hauptmann!" fuhr die begeisterte Rednerin fort, "so operiren wir Frauen in unserm Hauswesen, und dieses fortwährende Schaffen und Wirken kräftigt unsere Geduld und befestigt unser Vertrauen zu Dem, der uns immer das wieder aufbauen hilft, was muthwillige Hände niedergerissen haben. Dieses Vertrauen, mein Herr, flößt mir auch den Muth ein, Ihr edles Herz in Anspruch zu nehmen und Sie zu bitten, der Fürsprecher beim Commandanten unserer Stadt zu sein, damit der Zerstörungswuth Einhalt geschehe und nicht noch Manches niedergerissen werde, was nicht leicht wieder aufgebaut werden könnte. Schonen Sie unsere arme Stadt, mein Herr! schonen Sie das unersetzliche Altehrwürdige in derselben, und die Familien werden es Ihnen danken, deren Kinder werden die edlen Machthaber segnen, die zerstören durften, aber nicht zerstören wollten."

Hingerissen von den Worten des begeisterten Mädchens, hätte Legrand den Zweck seiner Sendung beinahe vergessen. Er war auf dem Punkte, vor der Tochter des Baumeisters niederzuknieen und ihr zu gestehen, daß er als Verräther in ihr Vaterhaus gekommen sei. Doch faßte er sich wieder und sagte mit der äußersten Liebenswürdigkeit:

"Die Armee, sowie jeder einzelne Soldat, kann stolz darauf sein, mein Fräulein, in Ihnen einen Kameraden begrüßen zu dürfen, da Sie, wenn auch nur in einem beschränkten Kreise, ein Commando übernommen haben. Und in der That, es muß ein Hochgenuß sein, unter Ihrer Fahne zu dienen. Da wir aber beide demselben Stande angehören, so wäre es unkameradlich von mir, wenn ich Ihnen nicht die Bruderhand reichte. Erlauben Sie daher, wenn ich Ihnen im Namen der Armee, und in echter Soldatenweise, meine Rechte anbiete und sage: Schlag ein, Kamerad, auf brüderliches Zusammenhalten!"

Er reichte ihr die Hand hin; Mathilde stand auf, nahm eine militärische Haltung an, salutirte kunstgerecht, indem sie ihre Stirne mit den Fingerspitzen berührte, legte hierauf ihre Hand in die des Hauptmanns und sagte mit erhobener, feierlicher Stimme:

2

„Kamerad! unser ehrenwerther Stand macht es uns zur Pflicht, die Ehre über Alles zu stellen und selbst dem erbittertsten Feinde gegenüber Menschlichkeit zu üben. Auf Ehrenwort verlange ich daher von meinem Kameraden die Zusicherung, alles Heilige zu schonen und in hiesiger Stadt als braver Soldat zu campiren. Dieses Versprechen verlange ich in diesem Augenblicke, wo wir zum erstenmal als Kameraden einander gegenüberstehen."

„Es gilt, Kamerad!" sagte der Hauptmann, indem er Mathildens Hand an seine Lippen brachte und einen Kuß darauf drückte.

„Sie fallen aus Ihrer Rolle, Herr Hauptmann!" sagte Mathilde lächelnd. „Doch will ich Ihnen das als deutscher Soldat nachsehen, da ich nicht weiß, ob es in Ihrem Kriegsreglement nicht etwa Vorschrift ist, jedem eintretenden Rekruten aus purer kameradschaftlicher Anhänglichkeit die Hand zu küssen."

Ganz entzückt von der Liebenswürdigkeit des deutschen Mädchens, kehrte Legrand zum Obergeneral Monclar zurück, um ihm über das Résultat seiner Sendung Bericht zu erstatten.

### III.

„Es scheint wirklich, als hätten Mathildens Worte einige Sinnesänderung bei den Machthabern unserer Stadt hervorgebracht," sagte der Bauherr, als er einige Tage später wieder im Kreise der Seinigen saß. „Die Gewaltthaten und Bedrückungen haben in der That etwas nachgelassen; wenigstens hört man nicht so viele Klagen mehr, seit der Hauptmann hier war: Nun es sei denn! wenn die Herren Franzosen mit Worten zu gewinnen sind, so wollen wir es daran nicht fehlen lassen."

„Ich glaube," sagte der Maler, „daß Keiner von uns Männern einen solchen Triumph gefeiert hätte, und daß Mathildens Plan kunstgerecht angelegt war. Es war in der That ein prächtiger Gedanke! originell genug, um als Sittengemälde des französischen Charakters zu dienen. Welch' eine frappante Wirkung müßte es nicht hervorbringen, wenn eine geübte Hand diese Scene auf die Leinwand brächte! und ich habe wirklich schon darüber nachgedacht, ob ich mich nicht daran wagen und mein schwaches Talent versuchen soll." — „Lassen Sie hören," sagte Leonhard, „theilen Sie uns Ihre Disposition mit, Herr Albert!"

„Ich würde," fuhr der Künstler fort, „im Hintergrunde einen Haufen roher Gesellen aufstellen, in deren Gesichtern man unverkennbare Spuren von Zerstörungswuth lesen kann. Brecheisen und Beile, die sie mit sich führen, zeugen von ihrer Bereitwilligkeit, auf ein gegebenes Zeichen die prächtigsten Bauten unserer Stadt, die sich in ihrer vollen Pracht im Vordergrunde zeigen, zu zertrümmern. Aber statt dieses erwarteten grausamen Befehls erscheint hoch über der Kuppel unseres Kaiserdoms, von Wolken getragen, ein lieblicher Engel, die Friedenspalme in der einen Hand haltend, während er mit der andern nach Oben deutet, als wolle er an die ewige Gerechtigkeit erinnern, die solchen Frevel nicht ungeahndet lassen würde. Ein Theil der rohen Bursche aber, geblendet von dieser himmlischen Erscheinung, läßt Axt und Beil fallen, wirft sich in Demuth nieder und betet auf derselben Stelle den Allerhöchsten an, wo er kurz vorher seine prächtigsten Tempel hatte vernichten wollen. So, meine Freunde, glaube ich, würde auf der einen Seite die Lust zum Zerstören, auf der andern die demüthige Unterwerfung veranschaulicht werden."

„Ein köstlicher Gedanke!" sagte Gottfried mit Begeisterung und seinem Freunde die Hand drückend.

„Der Gedanke ist gut!" bestätigte Mathilde, „aber zu ideal, zu erhaben, Herr Albert! Wo bringen Sie den Engel her? Oder gedenken Sie vielleicht, meine Wenigkeit mit dieser himmlischen Ehre zu betrauen, sie mit Flügeln und Flittergold zu versehen und in's Himmelreich zu versetzen? Gehorsamsten Dank, Herr Künstler! Vor der Hand gefällt mir's hier noch recht gut, und nicht um alle Welt möchte ich jetzt schon in den Wolken umherspazieren und Palmen und Lilien für die beglückte Menschheit bereit halten. Bleiben Sie daher bei der Wirklichkeit, Herr Albert! malen Sie uns ein Bild nach der Natur, und ich glaube, daß es Ihnen in unserer ereignißreichen Zeit an Stoff nicht fehlen wird."

Kaum hatte Mathilde diese Worte vollendet, als die Familie abermals von einem unerwarteten Besuche überrascht wurde. Der Hauptmann Legrand trat nämlich in Begleitung des Obergenerals Monclar ein, stellte dem Gewaltigen den Bauherrn und alle Anwesenden vor und sagte dann, sich zu Leonhard wendend:

„Ich erzählte Sr. Excellenz von der genußreichen Stunde, die ich vor einigen Tagen bei Ihnen zugebracht habe. Der Herr Obergeneral, ein aufrichtiger Verehrer biederer und ehrenhafter Familien, hat mir die Gnade erwiesen, meine Worte liebevoll anzuhören und ihnen die ungetheilteste Aufmerksamkeit zu schenken. Aber noch mehr: als ich später Ihres Hauses wieder gedachte, hat Se. Excellenz den Wunsch geäußert, Sie und die Ihrigen kennen zu lernen, um Ihnen persönlich zu sagen, wie sehr sie solche Familie schätze und ehre."

„Ich finde keine Worte, Herr Hauptmann," sagte Leonhard, beiden Herren Sitze anbietend, „um Ihnen gebührend dafür zu danken, daß Sie meinem Hause solche Gunst verschafften. Diese Auszeichnung überrascht mich so sehr, daß ich nicht weiß, auf welche würdige Weise ich Sr. Excellenz empfangen soll."

„Lassen Sie das, Herr Leonhard!" sagte Monclar, freundlich lächelnd. „Ich werde so oft mit Schmeicheleien belästigt, daß es mir wohl thut, ein Stündchen unter aufrichtigen und wahrheitsliebenden Menschen zu verweilen, und der Herr Hauptmann v. Legrand hat mir so viel Schönes und Liebes von Ihrer Familie gesagt, daß ich nicht unterlassen konnte, mir den ersehnten Genuß einmal zu verschaffen. Lassen Sie uns daher ein Stündchen in aller Gemüthlichkeit verplaudern, wie es Männern zukommt, aus deren Herzen alles Falsche und Unwahre verbannt ist."

„Sehr gnädig, Herr Obergeneral! Aber wir sind so wenig mit den Verhältnissen und Sitten der hohen Gesellschaft vertraut, daß ich befürchten muß, unsere alltäglichen Erlebnisse möchten Ew. Excellenz zu wenig Interesse einflößen."

„Gerade diese, Herr Leonhard, werden mir am meisten Theilnahme abgewinnen. Häusliches Glück und gemüthliches Familienleben sind Tugenden, die man leider nur zu selten in den Palästen der Großen einheimisch findet, und sie sind beinahe das ausschließliche Eigenthum zufriedener und bescheidener Bürgerfamilien. Das weiß ich nur zu gut, Herr Leonhard! Darum lassen Sie uns gerade mit diesem Thema beginnen und Ihre Familie als Muster nehmen. Wie mir Herr v. Legrand sagte, sind Sie Wittwer?"

„Schon seit vier Jahren, Herr General! Mein treues Weib starb in der Blüthe ihrer Jahre."

„Und wer leitet seitdem Ihr Hauswesen?"

„Meine Tochter Mathilde, gnädiger Herr! Sie ist hier gegenwärtig und es wird wohl ihre Bescheidenheit nicht verletzen, wenn ich sage, daß sie die sorgende Hausfrau meisterhaft vorstellt."

„Das höre ich gerne, mein Fräulein!" sagte der General, sich an Mathilde wendend. „Die Häuslichkeit soll überhaupt eine Tugend der deutschen Frauen sein, die ihr Glück und ihre Zufriedenheit mehr in sich selbst und im Kreise ihrer Familien suchen, als in der Außenwelt."

„Ist das bei den Mädchen Ihres Landes nicht so, Herr General?" fragte Mathilde.

„Nicht immer, mein Fräulein! Die Töchter meiner Heimath, unter denen es sonst recht wackere Mädchen giebt, werden weniger zu Hausfrauen, als zu Salondamen erzogen. Zürnen wir ihnen daher nicht, wenn sie als Gattinnen und Mütter ihren Posten nur selten zur vollen Genüge ausfüllen. Ihre Erziehung hat ihnen zu wenig Gemüth, zu wenig Sinn für häusliches Glück gegeben."

„Da bedauere ich diese Mädchen aufrichtig, Herr General! Bei uns Deutschen ist es freilich anders: Die Töchter wachsen unter der sorgsamen Pflege ihrer Mütter heran, theilen schon in früher Jugend die Sorgen des Hauses mit ihnen und helfen ihnen manche Last tragen, die ihre Schultern zu schwer drücken würde. Mütter und Töchter werden aber dadurch zu Freundinnen, die sich nicht nur einander unterstützen, sondern auch den Muth und das gegenseitige Vertrauen haben, sich die Angelegenheiten ihrer Herzen mitzutheilen, und so entsteht unbemerkt ein Bündniß zwischen ihnen, das dem Ganzen gar gut zu Statten kömmt. Denn das gemeinsame Wirken und Schaffen, das freudige Bestreben, Friede und Eintracht im Hause zu erhalten, wirkt gar wohlthätig auf die übrigen Familienglieder, und wenn dem Vater die Last seines Berufes manchmal zu schwer wird, so sind es die lieblichen Worte der Mutter, die die düstern Wolken von seiner Stirne verscheuchen, die Neckereien und Liebkosungen der Tochter, die ihm ein Lächeln abgewinnen. Mutter und Tochter aber, glücklich mit ihrem Erfolge, sind fortwährend geschäftig, diese Taktik mit Beharrlichkeit zu befolgen und dem anrückenden Feinde Thor und Thüre zu verschließen."

„Eine herrliche Taktik!" sagte der General mit Begeisterung und ganz entzückt im Anschauen des lieblichen Mädchens. „O fahren Sie fort, mein Fräulein! malen Sie Ihr herrliches Bild ganz aus, Sie treffliche Künstlerin!"

„Sie erlauben es, Herr General? nun, so sei es! Diese Töchter deutscher Eltern, durch die Macht der Gewohnheit und der Erziehung an ihre Familien und deren Geschick gekettet, werden so vertraut mit allen Leiden und Freuden derselben, daß sie die einen ebenso willig tragen helfen, wie sie die andern mitgenießen dürfen. Freud und Leid, Kummer und Familienglück, Entsagung und Ueberfluß bilden zuweilen eine Kette, die sich um sämmtliche Glieder des Hauses schließt und sie unzertrennlich mit einander verbindet. Keiner darf genießen oder dulden, ohne daß der andere mitgenießet oder denselben Schmerz mitempfindet. Und so gründen sie zusammen in ihrem Hauswesen einen kleinen Staat für sich, dessen Oberhaupt der Vater ist, um den sich seine getreuen Unterthanen schaaren, die alle Kräfte vereinen, um den Staatshaushalt aufrecht zu halten und das Wohl und Gedeihen desselben zu förderm."

„Ihr Bild ist einzig in seiner Art, mein Fräulein! Nur glaube ich, daß die Schattenseite desselben etwas zu düster ist. Ich kann mir nicht denken, daß bei einer Familie, der Sie als Hausfrau vorstehen, so viel Schmerz und Kummer einziehen können, daß die Vorsehung es für nothwendig erachtete, ihr noch einen besondern Schutzengel zu geben."

„Sehr schmeichelhaft, Excellenz! Doch Sie irren sehr, wenn Sie glauben, daß es mir vollständig gelungen sei, den Feind des harmlosen und selbstzufriedenen Familienglücks aus diesen Mauern zu verscheuchen."

„Wer konnte es wagen, den Frieden in diesem Hause zu stören?" fragte Monclar sich zu dem Hauptmann wendend.

„Wollen Sie mich nicht mißverstehen, Herr General!" sagte Mathilde. „Dieses Haus, dieser für sich bestehende Staat bildet nur einen Theil eines größern Staates, dem er in seiner kleinen Gesammtheit einverleibt ist. Er ist nur ein Glied des wirklichen Vaterlandes, nur ein Theil, ein Familienstaat in unserer freien Reichsstadt. Diese aber, gnädiger Herr, ist in ihren Grundvesten erschüttert worden; ihre Bollwerke sind geschleift, ihre Bande, die sie Jahrhunderte lang zusammenhielten, zerrissen und zerstückelt. Das hat tiefe Wunden geschlagen, edler Herr! Doch Sie fragen, wer den Frieden in diesem Hause gestört habe? Das Schicksal hat es gethan, hoher Herr! das unerbittliche Schicksal mit seinen Riesenarmen, mit seiner eisernen Kraft, mit seinem unwiderstehlichen Willen. Das Schicksal hat unsere Mauern niedergerissen und das schreckliche Urtheil über uns ausgesprochen, selbst mit Hand anzulegen, um uns unser Diadem vom Haupte zu reißen und es mit Füßen zu treten. Unsere Männer und Jünglinge mußten sich, auf den Befehl des Schicksals, mit Instrumenten aller Art versehen, um unsere Freiheit zu erschlagen und sie zu Grabe zu tragen. Das war es, Herr General, was auch den Frieden aus diesem Hause verbannte, aus diesem Familienkreise, der seit dem Tode der Mutter keinen andern Schmerz mehr kannte. Bei diesem Familienkummer empfand ich den Verlust der Mutter doppelt, denn nur mit Mühe wollte es mir gelingen, Vater und Bruder wieder mit dem Schicksal zu versöhnen und ihnen ihr Unglück erträglich zu machen."

„Wie fingen Sie das an, mein Fräulein?" sagte der General, tief erschüttert von den Worten des Bürgermädchens, das in ihm das Schicksal anklagte. „Wie haben Sie diese Aussöhnung zu Stande gebracht?"

„Mit Hilfe dieses jungen Mannes, mein Herr!" antwortete Mathilde, sich gegen Albert wendend.

„Auf welche Weise?"

„Gedulden Sie sich einen Augenblick, und ich werde Ihnen den Aufschluß geben."

Sie entfernte sich und kam kurz darauf mit dem Bilde zurück, das Albert für sie gemalt hatte. Sie überreichte es dem General, der es betrachtete und sagte:

„Ich kenne das Bild! Das Original befindet sich am Portale des Doms."

„So ist es, Herr General!"

„Nun? ich bin in der That begierig."

„Dieses Bild, hoher Herr!" nahm Mathilde das Wort wieder, „das mir mein Freund als Weihnachtsgeschenk gab, hat die gebeugten Gemüther wieder etwas gehoben. Denn abgesehen davon, daß es die Copie eines Meisterwerks aus uralter Zeit ist, hat es für den Vater wegen einer Familienerinnerung noch besondere Bedeutung. Das Original selbst aber gewährleistet unsere alten Freiheiten, die unantastbar und unveräußerlich für ewige Zeiten sind. Denn die Urkunde mit den goldenen Lettern ist durch die Bildnisse der zwei Kaiser Heinrich IV. und V. bestätigt, da sie letzterer selbst anfertigen und am Dome befestigen ließ. Als diese Bildnisse in unser Haus kamen, wurden sie gleichsam von selbst unsere Tröster, und so oft der Vater oder der Bruder Befürchtungen wegen der nächsten Zukunft unserer Stadt ausspricht, hole ich diese Bildnisse, zeige sie mit der Urkunde vor und tröste die Meinigen mit der Versicherung, daß die Enkel des heiligen Ludwig eine hohe Reliquie ehren und es nimmermehr zugeben werden, daß man sie verletze und die darin ertheilten Rechte nach Jahrhunderten aufhebe. Diese Worte, hoher Herr, trösten den Vater und beruhigen den Bruder."

"Sie haben ein großes Vertrauen zu den Söhnen des heiligen Ludwig, Fräulein!" sagte Monclar lächelnd. "Doch weiß ich nicht, ob sie Ihnen für diese Schmeichelei danken dürfen, denn fast möchte es scheinen, als wollten Sie mehr dem heiligen Ludwig, als seinen Enkeln huldigen."

"Nicht doch, Excellenz! meine und unsere Huldigung gilt jedem braven Manne, der mit seinem Pflichtgefühl Herzensgüte und Menschenliebe vereinigt. O es ist eine gar schöne Sache um ein großes und edles Herz!"

"Ich stimme Ihnen bei, holdes Mädchen! füge aber hinzu, daß es nichts Schöneres und Erhabeneres auf der Erde geben mag, als das Herz einer Jungfrau, die für das Schöne und Erhabene erglüht, nichts, das einen Mann mehr beglücken kann, als die Ueberzeugung, daß sich ihm ein solches Herz vertrauensvoll anschließt. Sie haben mir eine genußreiche Stunde bereitet, holdes Mädchen! eine Stunde, für die ich Ihnen herzlich danke. Denn ich habe in Ihnen eine starke und große Seele gefunden, und es thut dem Soldaten unendlich wohl, wenn er hin und wieder Gelegenheit findet, das Geleise der Alltäglichkeit zu verlassen und

Menschen von ungewöhnlichen Geisteskräften zu begegnen. Leben Sie wohl, ich hoffe auf baldiges Wiedersehen."

Hierauf verließ Monclar die Wohnung des Bauherrn und kehrte mit Legrand nach dem bischöflichen Palaste zurück.

## IV.

„Legrand!" sagte Monclar, als er in seiner Wohnung angekommen war, „das Schicksal hat entschieden und mich finden lassen, was ich nicht zum zweitenmal finden würde. Dieses Mädchen, und nur dieses allein ist würdig, die Gemahlin eines französischen Feldherrn zu werden; nur dieses Bürgermädchen mit der adeligen Seele wird mit mir fühlen können, meine Pläne durchkreuzen und mich zu großen und unerhörten Thaten begeistern. Mein Entschluß ist daher gefaßt, und die Tochter des deutschen Bauherrn soll unsere Pariserinnen lehren, daß der Obergeneral Monclar nur von einer wirklichen Größe hingerissen und gefesselt werden könne. Sie mögen nur die Nasen rümpfen, wenn ich meine Auserwählte in ihre Salons führe! sie mögen es nur wagen, dieser feurigen Seele zu nahe zu treten, wenn sie Gefahr laufen wollen, ihre leichten Schwingen zu versengen. Ja, bei Hofe selbst wird man sie bewundern und es nicht glauben, daß eine solche Blume auf dem kalten deutschen Boden gedeihen konnte. Jetzt rathe mir, Legrand, ob und wie ich meinen Antrag stellen soll. Glaubst Du, daß es nothwendig sei, mich zuvor mit dem Mädchen zu verständigen, ehe ich mich an den Vater wende, oder soll ich den Bauherrn zu mir bescheiden und ihn mit meinem Entschluß vertraut machen? Fast möchte ich Letzteres vorziehen, da ich nicht mehr in den Jahren bin, wo Liebeserklärungen süß wie Honig von den Lippen fließen, und der den Vierzigen nahe stehende Soldat kann nicht mehr wie eine Turteltaube girren. — Nun sage mir Deine Meinung, offen und wahr, wie es dem Soldaten und dem Freunde geziemt! Schone weder mein gebräuntes Gesicht, noch mein rauhes Aeußere, wenn Du glaubst, daß das Mädchen Anstoß daran nehmen könne."

„Herr General," antwortete Legrand, „Ihre Wahl kann nur eine glückliche genannt werden. Des Bauherrn Tochter ist groß in jeder Beziehung und würde selbst als Diplomatin ihre untergeordnete Rolle, spielen. Doch wozu Ihre Vorzüge rühmen, da sie Ew. Excellenz genügend bekannt sind? Da Sie aber meine Meinung als Freund hören wollen, so erlaube ich mir die Bemerkung, daß der Vater dieses Mädchens ein schlichter Baumeister ist und von seinen Vorfahren nichts aufzuweisen haben mag, als etwa seinen Hammer und seine Kelle."

„Du vergißt, Legrand, daß ich Dich darum nicht gefragt habe und nur Deinen Rath über die Ausführung meines unerschütterlichen Vorsatzes hören wollte. Die Ahnen der Monclars sind so zahlreich, daß einer ihrer Enkel wohl einige auf seine Gemahlin übertragen kann; und was unsere Aristokratie betrifft, so wird sie es wohl nicht wagen, mir eine Bemerkung über eine Mesalliance zu machen, da ich sie sonst herausfordern würde, zuvor ein halb Dutzend Schlachten zu schlagen und ihren Adel zu erproben, wie ich's gethan habe. Dieser Adel muß sich freilich zu seines Gleichen halten; er darf weder nach rechts, noch nach links abweichen; er muß die vergilbten Pergamente seiner Familienarchive heilig halten, da er sonst nichts hätte, womit er sich brüsten könnte. Anders ist es aber mit dem Geschlechte der Monclars! Diese hätten sich ihren Adel schon selbst erkämpft, und sie dürfen sich daher etwas mehr erlauben, als jene pomadisirten und gepuderten Bursche, deren Köpfe hohl und deren Herzen zum Erbarmen leer sind. Also nichts mehr von Vorurtheilen, Legrand!"

„Ich gehorche um so lieber, Herr General, als ich selbst so glücklich war, das Mädchen kennen zu lernen und mit seinen ungewöhnlichen Geistesgaben vertraut zu werden. Was aber Ihre Frage betrifft, ob es nicht rathsam sei, den Vater hierher zu bescheiden, so stimme ich dieser Ansicht bei, da ich sie der Würde Ew. Excellenz für angemessen erachte."

„Nun, so sei es! Sorge, daß der Bauherr morgen zu mir komme, und ich werde mich ihm unumwunden erklären."

Die Stunde des vertraulichen Beisammenseins wurde für den folgenden Morgen abgesagt, und in derselben Zeit trat Mathildens Vater beim Obergeneral Monclar ein.

„Sie werden überrascht sein, Herr Leonhard," redete ihn der Feldherr an, „daß ich Sie heute zu mir bitten ließ, da wir uns erst gestern gesehen haben. Aber gerade deshalb möchte ich ein

Wort mit Ihnen reden. Nehmen Sie Platz und fassen Sie Vertrauen zu einem Manne, der es mit Ihnen und den Ihrigen gut meint."

„Wir wissen nicht, Herr General," erwiederte der Bauherr, „durch was wir so viel Ehre verdient haben, und als Sie uns gestern verließen, redeten wir noch lange von Ihnen und von dem günstigen Eindruck, den Sie auf uns Alle gemacht haben."

„Haben Sie das wirklich? das freut mich in der That! denn ich habe eine Angelegenheit mit Ihnen zu besprechen, bei der es hauptsächlich darauf ankommt, wie man in Ihrem Hause von mir denkt. — Doch, ich bin Soldat und liebe die Offenheit eben so sehr, als ich die Umschweife hasse. Also zur Sache!

„Sie haben eine Tochter, Herr Leonhard, wie es deren in unserm vereinigten Vaterlande wenige mehr geben mag, und ich bezweifle, ob Sie ihren Werth gebührend zu würdigen wissen."

„Herr General!" unterbrach ihn der Baumeister mit einem fragenden Blick.

„Beruhigen Sie sich!" antwortete Monclar, „und glauben Sie ja nicht, daß ich Sie beleidigen wollte. Ich habe Ihnen schon bemerkt, daß ich die Offenheit über Alles liebe und geraden Wegs auf mein Ziel zuschreite. Ich wiederhole daher meine Worte: „Ich bezweifle, ob Sie deren Werth gebührend zu würdigen wissen."

„Wie soll ich das verstehen, Excellenz?"

„Auf die einfachste Weise! Dieses Mädchen, mit der reinsten weiblichen Seele und dem kräftigsten männlichen Geiste ausgestattet, ist zugleich ein Ideal von weiblicher Anmuth und von männlichen, ich möchte beinahe sagen von ritterlichen Tugenden. Groß in jeder Beziehung, vollkommen im engsten Sinne des Wortes, würde diese Ihre Tochter einen Mann beglücken, der weit über ihrem Range, wenn auch ungleich tief unter ihrer geistigen Größe stünde. Beide vereint würden aber ein Geschlecht erziehen, dessen glänzende Stellung zwar durch den Vater gegründet würde, das aber seinen geistigen Werth von der Mutter empfinge. Wie schön würde es sein, Herr Leonhard, wenn wir Beide dieß erlebten und dieses Geschlecht vor unsern Augen erblühen sähen!"

„Ew. Excellenz überhäufen mich mit Wohlwollen und malen mir eine Zukunft aus, die ich mir in meinen kühnsten Wünschen nicht so glänzend gedacht hätte. Wohl kenne ich Mathildens Tugenden — die zum Theil ein Erbe ihrer Mutter sind, — was aber den Mann betrifft, der sie einst durch's Leben führen soll, so ist seine Stellung keine so hervorragende, daß sich die Tochter eines städtischen Baumeisters nicht mit ihm sollte messen können; denn Beider Gewerbe sind so nahe verwandt, daß —"

„Wie kommt das hierher, Herr Leonhard? und was sollen diese Vergleiche der Gewerbe?"

„Excellenz entschuldigen!" entgegnete der Bauherr. „Mein Gewerbe ist mir lieb und theuer, wie mein Leben; nicht gerade, weil ich ihm angehöre, sondern noch mehr, weil ich die hohe Bedeutung kenne, die es von uralten Zeiten her gehabt hat. Die Bauhütten datiren von Salomo's Zeiten her und —"

„Aber Herr Leonhard, wer hat sich denn unterstanden, diesen altehrwürdigen und wirklich hochgeachteten Stand herabzusetzen?"

„Das will ich gerade nicht sagen. Da aber ohne Zweifel unser Künstler einen Fürsprecher in Ew. Excellenz gewonnen hat, so —"

„Ein Künstler? von wem reden Sie?"

„Von dem jungen Manne, den Sie gestern in meinem Hause trafen und der die Kaiserbilder am Dom abconterfeit hat."

„Ja so, der! Nun, was ist's mit dem?"

„Ew. Excellenz scheinen mir sehr wenig Scharfsinn zuzutrauen, wenn Sie glauben, ich hätte nicht sogleich gemerkt, wo Sie hinaus wollten. Nun, es war ja nicht gerade nothwendig, einen so hohen Herrn zu belästigen, da er doch weiß, daß ich ihm längst verziehen und den alten Groll vergessen habe. Er sagte ja selbst, die Baukunst und die Malerei gingen Hand in Hand mit einander; und damit wollen wir den alten Haber in Gottes Namen ruhen lassen. Er möge sich nur offen erklären, und da ihm das Mädchen geneigt ist, so will ich seinem Glücke nicht entgegen sein."

„Was ist das, Herr Leonhard? wollen Sie mich nicht verstehen, oder verstehen Sie wirklich nicht, was ich sagen will?"

„Excellenz verzeihen! Ich kann keinen andern Sinn in Ihre Worte legen, als daß der Maler seine Zuflucht zu Ihnen genommen und Sie gebeten habe, mit dem Vater ein Wort zu seinen Gunsten zu reden. Ich hätte ihm in der That den Muth nicht zugetraut; noch weniger aber geglaubt, daß er so rasch handeln würde, da Sie uns erst gestern besuchten und er daher sogleich um eine Audienz gebeten haben muß."

"Ich sehe, daß hier ein Mißverständniß obwaltet, Herr Leonhard, und ich muß mich unumwunden erklären. So hören Sie denn:

"Ich habe in Ihrem Hause eine liebevolle Aufnahme gefunden und dort eine schätzenswerthe Familie kennen gelernt. Besonders ist es Ihre Tochter Mathilde, die mir große Theilnahme einflößte. Dieses Mädchen, sagte ich mir, verdient ein glückliches Loos und würde einen Mann wahrhaft beglücken, und sollte dieser auch einer der ersten Würdenträger am Hofe Ludwigs XIV. sein. Was würden Sie mir nun erwiedern, Herr Leonhard, wenn ich die Hand Ihrer Tochter für einen solchen Würdenträger verlangte?"

Der alte Bauherr erbebte bei diesen Worten und wurde todtenblaß. Er zitterte an allen Gliedern und drückte fast unwillkürlich eine Hand auf seine Stirn, die fieberhaft zu erglühen begann. Es währte lange, bis er sich fassen konnte. Monclar betrachtete ihn stillschweigend und schien dieses Zeichen der höchsten Ueberraschung mit Befriedigung wahrzunehmen. Was anders konnte den schlichten Bürger auch so bewegen, als dieser ehrenvolle Antrag? Es dauerte lange, bis sich Leonhard sammeln konnte; doch da der General schwieg und eine Antwort erwartete, so faßte er sich nach und nach wieder und sagte mit zitternder Stimme:

"Herr General! spotten Sie eines alten Mannes nicht, in dessen Familie die Ehre von jeher heilig gehalten wurde. Es sind über vier Jahre her, daß ich mein trautes Weib zu Grabe begleitete, und seit dieser Zeit vertritt meine Tochter die Stelle der Hausfrau mit einer Umsicht und einer Sorgfalt, wodurch sie uns Allen doppelt lieb geworden ist. Durch dieses Amt ist sie gleichsam aus dem Mädchenkreis ausgeschieden und in den ehrwürdigen Stand der Hausmütter getreten. Ehren Sie diesen Stand in ihr, Herr General! und spotten Sie des armen Mädchens nicht."

"Herr Leonhard," erwiederte Monclar mit ernster, doch etwas bewegter Stimme, "trauen Sie mir so wenig Takt zu, daß ich nicht wüßte, wo der Scherz aufhört und der Ernst anfängt? Oder glauben Sie, ich hätte den Werth und den Bildungsgrad Ihrer

Tochter nicht genug erkannt, und mir keinen Scherz gegen sie zu glauben? Nein, Herr Leonhard, meine Worte kamen aus dem Herzen, und ich wiederhole allen Ernstes die Frage, ob Sie geneigt sind, einen französischen Edelmann mit Mathildens Hand zu beglücken?"

„Excellenz!" antwortete Leonhard, „es lebt im Munde des Volkes eine Sage von einem armen Köhlerkinde, das das Unglück hatte, von einem vornehmen Ritter schön befunden zu werden. Er freite um das arme Kind und führte es als sein ehelich Weib auf seine stattliche Burg. Als er aber eines Tages diese Blume des Waldes an den Hof brachte, zog er sich den Spott aller Höflinge zu, die an dem Naturkinde jene glatte Außenseite vermißten, durch die sie selbst sich auszeichneten. Der Ritter aber brachte die arme Maid wieder zu ihrem Vater zurück, wo sie im einsamen Kämmerlein in Schmerz und Weh verging und vergebens nach dem Gatten jammerte, der sie so schmählich verlassen hatte. — Diese Sage, Herr General, lebt im Munde unseres Volkes am Rhein, und wenn es hie und da vorkommt, daß sich ein Mädchen von einem Höherstehenden bethören läßt, so werden ihm die warnenden Worte zugerufen: Denk' an das Köhlerkind!"

„Daran erkennt man den ruhigen und besonnenen Deutschen!" sagte Monclar, „und ich lobe ihn darum. Aber wie dann, Herr Leonhard, wenn ich Ihnen sage, daß mein Freund, für den ich werbe, weder ein leichtsinniger Ritter, noch überhaupt ein Höfling ist, sondern einen ehrenvollen Posten bei der Armee bekleidet?"

„Ich achte die französische Armee," entgegnete der geängstigte Mann, „und wünsche nichts sehnlicher, als daß sie nur Männer hätte, die vom Geiste Ew. Excellenz beseelt wären."

„Wenn ich Ihnen nun mein Wort verpfände, daß mein Freund mir vollkommen gleiche, sowohl in seinen Gesinnungen, als auch in seiner Stellung?"

„Dann, Excellenz, dann —"

„Nun? dann, Herr Leonhard?"

„Ich wollte sagen, daß er dann doch nicht der Obergeneral v. Monclar wäre."

„Und wenn er es doch wäre? wie dann, Herr Leonhard? wenn er es selbst wäre, der Sie um die Hand Ihrer Tochter bittet?"

„Mein Gott!" seufzte Mathildens Vater erbebend und nicht im Stande, ein weiteres Wort hervorzubringen. Monclar saß ihm gegenüber und beobachtete mit einem prüfenden Blicke jede Geberde des unglücklichen Vaters, der in wenigen Augenblicken das Unglück überdacht hatte, das dieser Antrag über seine Familie bringen werde. Der sonst besonnene Mann fand keinen Ausweg, um sein Kind dem Gewaltigen gegenüber zu retten; denn an eine Verbindung mit dem Feinde seines Vaterlands konnte und wollte er nicht denken; auch kannte er Mathilde zu gut, um dem Gedanken Raum zu geben, sie werde, selbst wenn ihr Vater es wünschte, in eine solche Verbindung willigen. Er zögerte daher lange mit einer Antwort, und erst als ihn Monclar nachmals darum ersuchte, sagte er:

„Ihr Antrag, Herr General, kann nur ehrend für uns Alle sein, und ich schätze mich glücklich, ihn aus dem Munde Ew. Excellenz zu vernehmen. Zu meinem großen Bedauern muß ich Ihnen aber gestehen, daß der Maler Albert bereits Mathildens Wort hat."

„Wie, Herr Leonhard? Derselbe Maler, von dem Sie glaubten, er habe mich als Fürsprecher gewonnen, um Sie seinen Wünschen geneigt zu machen? Gehen Sie! das machen Sie mich nimmermehr glauben."

„Und doch, Excellenz! Doch hat er Mathildens Wort, die nimmer von ihm lassen würde."

„Das ist etwas Anderes! Da Sie aber Ihre Zustimmung noch nicht gegeben haben, so hoffe ich, daß Sie als vernünftiger Vater Ihr Ansehen geltend machen werden."

„Excellenz verzeihen, wenn ich Sie an das erinnere, was Sie selbst von meiner Tochter sagten. Mathilde ist kein gewöhnliches Mädchen, noch weniger aber eine Waare, die sich willenlos an den Meistbietenden verkaufen ließe, und sollte der Käufer selbst einen Purpur tragen. Ich aber möchte der Letzte sein, der die Hand zum Abschluß eines solchen Geschäftes bietet."

„Herr Baumeister!" rief Monclar zornentflammt aus, indem er sich von seinem Sitze erhob. Er stützte seine rechte Hand auf den Tisch und ballte sie krampfhaft zusammen. Nur mit Mühe gelang es ihm, seine Fassung wieder zu gewinnen, und nachdem

~~er den geängstigten Bürger mit seinen blitzenden Augen gemessen hatte, sagte er etwas gemäßigter:~~

„Bedenken Sie wohl, mein Herr, daß Ihnen der Obergeneral der französischen Armee einen Antrag gemacht hat, um den Sie manche Herzogin beneiden würde. Bedenken Sie ferner, daß der General Monclar gewohnt ist, seine Wünsche in Erfüllung gehen zu sehen, und daß derselbe General Macht und Ansehen genug besitzt, um Ihr Kind zu den höchsten Ehrenstellen zu erheben. — Jetzt gehen Sie, und theilen Sie Ihrer Tochter mit, was Sie gehört haben. In drei Tagen werde ich den Hauptmann Legrand senden, um Ihren Entschluß entgegenzunehmen."

Mit diesen Worten entließ er den betrübten Vater, welcher schweren Herzens zu den Seinigen zurückkehrte.

## V.

„Lustig, Kameraden!" rief ein graubärtiger Sergeant, der mit etwa einem Dutzend Zechbrüder in der Herberge zur „Fuchshöhle" um eine Tafel saß und dem deutschen Wein tüchtig zusprach. „Lustig und fröhlich! wir wollen unsern neuen Kameraden am Rhein zeigen, daß wir's mit ihnen aufnehmen können. Noch eine Kanne, du rothfuchsiger Goliath!"

Dieser Aufforderung folgend eilte ein baumlanger hagerer Mensch herbei, nahm die leere Kanne, ging damit hinweg und kam bald wieder mit der gefüllten zurück. Er stellte sie seinem Gaste vor und begleitete sein „wohl bekomm's!" mit dem freundlichsten Lächeln, das er seinem häßlichen Gesichte abgewinnen konnte. Das fuchsrothe Haar, das seinen Kopf bedeckte, das bartlose Kinn, dessen Knochen weit hervorstanden, der breite Mund, der eine Reihe großer Zähne sehen ließ, verbunden mit winzigen Augen, die unter dünnen Brauen verstohlen hervorleuchteten und mehr blinzelten, als offen und ehrlich dreinschauten — alle diese von der Natur gezeichneten Merkmale ließen in dem „Fuchswirth" einen schlauen, verschmitzten und heimtückischen Burschen vermuthen, der es mit keiner Parthei verderben wollte.

Seit dem Einzug der Franzosen in Speyer war die „Fuchshöhle" eine stark besuchte Herberge geworden. Die Soldaten hatten sich bald heimisch dort gefühlt," und der Wirth bot Alles auf, um ihnen den Aufenthalt in demselben angenehm zu machen. Das lärmende Treiben begann schon am frühen Morgen, es wurde bis tief in die Nacht hinein fortgesetzt, und Meister Mathes fand seine Rechnung dabei. Denn wenn auch mancher Becher am Kerbholz hängen blieb und von keinem seiner Kameraden ausgelöst wurde, so mußte sich der gewandte Fuchswirth schon auf irgend eine andere Weise schadlos zu halten, so daß Mancher mit einer Rechnung am schwarzen Brett erschien, zu der er gekommen war, ohne zu wissen, wie?

Der Wirth zur „Fuchshöhle" hatte daher die schönsten Aussichten, ein gemachter Mann zu werden, und während die ganze Bürgerschaft unter dem Drucke der Franzosen seufzte, hatte Mathes die gerechteste Ursache, mit seinen lieben Gästen zufrieden zu sein.

Als er dem Verlangen des Sergeanten Genüge geleistet, und dieser die Becher seiner Kameraden vollgegossen hatte, begab sich der Wirth wieder hinter seine Schenke, auf der Kannen und Teller, Becher, Messer und Gabeln, sowie verschiedene kalte Speisen in bunter Reihe neben- und übereinander standen, und der Befehle der „werthen Gäste" harrten.

„Eine Portion Schinken, rother Mensch!" rief ein Soldat mit einem stark gebräunten Gesichte und scharf markirten Zügen.

„Sogleich, mein Herr!" war die Antwort des dienstfertigen Wirthes. Er brachte das Verlangte und warf dabei einen fragenden Blick auf die unterdeß leer gewordene Kanne, die ihm alsbald zum Wiederfüllen dargereicht wurde.

Und so ging es fort: Die werthen Gäste zechten nach Herzenslust, und der Fuchswirth wischte sich zu wiederholtenmalen den Schweiß von der Stirne, die ob der gehabten Anstrengung erglühte und mit dem Haupthaar des vielgeplagten Mannes wetteiferte.

„Ein schöner Tag ist heut!" lachte der Sergeant, „eine schöne Ordre von Paris aus! Schade um die Fuchshöhl, daß sie brennen muß!"

„Was meinst Du damit, Grosjean?" fragte ein anderer.

„Was ich damit meine? Schön Ding, Kamerad! Es wird sein gebrannt, gesengt und Beute gemacht für unsere Säckel."

„Laß hören, lieber Grosjean!"

„Wirst's bald sehen, Lemaitre! Ganz Speyer, die schöne Stadt, gefällt nicht mehr dem Minister Louvois, und muß sein gebrannt in vierzehn Tag."

„Ist's möglich?"

„Ist wahr! Die ganze Platz muß sein abgebrannt! Wird geben ein schön Feuer und einen Höllenspectakel!"

„Schade um die Fuchshöhl! Hast's gehört, rother Mensch? Dein Bau soll abgebrannt und in Asche gelegt werden. Kannst einen großen Ochsen bereit halten, um ihn drauf zu werfen. Wird einen guten Rostbraten geben."

Ein allgemeines Gelächter begleitete diesen Witz, während Mathes wie eingewurzelt hinter der Schenke stand und todtenblaß wurde.

„Laß gut sein, Fuchswirth!" fuhr Grosjean fort, „sollst immer bleiben bei den guten Kameraden, wenn Du bist ein guter Franzos."

„Das wissen Sie ja, meine Herren!" antwortete der geängstigte Mensch mit einer weinerlichen Stimme. „Sie wissen ja, wie gut ich's mit unsern französischen Brüdern meine. O daß sie uns schon längst französisch gemacht hätten!"

„Sei ruhig, Fuchswirth! bist ein braver Patriot und sollst sein beschützt, wenn es ringsum brennt. Halte Dir nur einen guten Wein, denn es wird geben viel Durst bei die große Brand."

„Habt Ihr denn auch schon die Neuigkeit gehört, Brüder?" frug ein junger Soldat, der an der Ecke des Tisches saß, und den sie den Monttonnerre nannten.

„Was für eine Neuigkeit, Monttonerre?"

„Daß der Herr Obergeneral —"

„Subordination!" donnerte ihm Grosjean entgegen. „Vergiß nicht, Rekrut, daß der Soldat nie darf reden von seinen Vorgesetzten."

„Aber Du weißt ja noch nicht, Grosjean, was er sagen will," unterbrach ihn ein Anderer.

„Weiß Alles! Grosjean weiß Alles!" entgegnete der Sergeant. „Der Rekrut, der ist erst aufgenommen in die glorreich-

französisch Armee, weiß nicht, was sich gehört; drum muß er lernen Raison." Und sich zum Wirthe wendend, fuhr er fort: „Darfst nicht sein bös, Fuchswirth, wenn ich Deinen Sohn Mores lehr. Er ist noch ein junger Wicht, und muß erst kennen lernen feine Sitte."

„Befehlen Sie nur ganz über ihn, meine Herren!" antwortete Mathes, sich tief verbeugend. „Er ist in einer guten Schule und wird dereinst gewiß der französischen Armee Ehre machen. Ich habe ihn Ihnen übergeben und will gar nicht mehr über ihn verfügen."

„Brav, Fuchswirth! gut raisonnirt! Darauf müssen wir trinken einen Toast."

„Ganz wohl, meine Herren! Aber ich bitte, daß diese Kanne auf meine Rechnung geleert werde. Ich hole vom Besten und wünsche, daß er Ihnen wohl bekommen möge."

Diese unerhörte Großmuth wurde mit Beifall aufgenommen, und als die Becher gefüllt waren, wurde auf das Wohl des deutschen Kameraden, seines Vaters und des bevorstehenden großen Brandes angestoßen.

Doch jetzt versagte der Wein seine Wirkung auf Grosjean nicht mehr; denn er legte seinen Kopf auf den Tisch und verfiel in einen tiefen Schlaf.

Als seine Kameraden nicht mehr zu befürchten hatten, von diesem strengen Richter überwacht zu werden, drangen sie in Monttonnerre, ihnen mitzutheilen, was er vom Obergeneral wisse.

„Der Herr Obergeneral," sagte der Sohn des Wirthes leise und vorsichtig, „hat ein Liebesverhältniß in hiesiger Stadt angeknüpft, das nur Wenigen bekannt ist."

„Wie? ein Liebesverhältniß?" riefen Alle erstaunt aus.

„Wie ich euch sagte: ein ernstes Liebesverhältniß. Was aber das merkwürdigste bei der Sache ist, ist der Umstand, daß ihm das Mädchen einen Korb gegeben hat."

„Einen Korb? was ist das?"

„Das will bei den Deutschen so viel heißen, als: sie wolle nichts von ihm wissen."

„Da sollte man die Hexe doch gleich verbrennen!"

„Langsam, Kameraden! Damit hat's noch einen Haken. Der

Herr Obergeneral soll nämlich so verliebt in die Hexe sein, daß er Jeden füsiliren ließe, der es wagte, ihr ein Haar zu krümmen."

„Schöne Geschichten, das! Nun, und weiter?"

„Ja, weiter! Das ist ein so eigenes Ding, daß einem der Verstand stille steht. Der Vater des Mädchens ist nicht einmal einer der Vornehmen der Stadt, nicht einmal ein Rathsherr oder so etwas, worauf sich etwas einbilden ließe, sondern nur ein einfacher Baumeister."

„Ein Baumeister? Das ist ja zum Todtlachen! Die Frau Obergeneralin die Tochter eines deutschen Baumeisters, der die Ställe für die deutschen Ochsen gebaut hat? Ha, ha, ha!"

„Ja, lacht nur, es ist doch so!"

„Und die Dirne mag ihn nicht heirathen?"

„Hat's rundweg abgeschlagen."

In diesem Augenblicke regte sich Grosjean; er legte den Kopf auf die andere Seite und murmelte einige unverständliche Worte in den Bart. Die Unterhaltung verstummte alsbald und die Kameraden vernahmen folgende Worte aus dem Munde des schlafenden Mannes:

„Soll geschehen, Herr Hauptmann! — Der Maler soll aufgehoben werden! — Fort, fort mit ihm nach dem Elsaß! Fort, fort im Sturmschritt! — Vorwärts marsch!"

Und der Gott des Schlafes hatte den Trunkenen wieder fest in seine Arme geschlossen und den Traum verscheucht. Grosjean verfiel abermals in ein tiefes Schnarchen, und die Kameraden konnten wieder ungestört plaudern.

„Was ist es mit dem Maler?" fragten Alle Montagnards. Doch dieser, das donnernde „Subordination" seines Vorgesetzten fürchtend, beruhigte sie mit der einfachen Erklärung, daß er ihnen darüber ein andersmal Aufschluß geben werde.

Unterdessen war der Hauptmann Legrand nach der Besprechung Monclar's mit Leonhard schon zum zweitenmal im Hause des letzteren, um die Herzensangelegenheit seines Herrn zu ordnen. Er hatte nämlich dem General den Familienbeschluß gebracht, daß sein Antrag zurückgewiesen worden sei. Monclar, wegen der Verweigerung seines heißesten Wunsches sowohl, als auch wegen der erlittenen Demüthigung außer sich gebracht, ersuchte seinen Freund, den letzten Versuch zu wagen, noch einmal auf diplomatischem Wege friedlich zu unterhandeln und erst dann energisch aufzutreten, wenn auch dieser Versuch mißlingen würde.

„Ich komme zum zweitenmal," sagte Legrand, als er bei Leonhard eintrat und die ganze Familie beisammen fand, „zum zweiten und wie ich hoffe zum letztenmal, um den Antrag meines hohen Gönners zu erneuern. Ich bin beauftragt, mein Fräulein, diesmal ausschließlich mit Ihnen zu unterhandeln, und bitte Sie daher, mir Ihren Willen kund zu geben."

„Herr Hauptmann!" entgegnete Mathilde mit Ernst und Würde, „das Weib ist so lange sein eigener Herr, als es keinem Anderen die Herrschaft über sich eingeräumt hat. Das Mädchen, es möge dem Volke oder den höhern Ständen angehören, muß unumschränkt über seine Hand zu gebieten haben, wenn ihm nicht alle Würde und jedes Gefühl der Selbstachtung genommen werden soll. Ist aber einmal dieser entscheidende Augenblick gekommen, haben Herz und Hand einmal diesen Bund geschlossen, so müssen alle weiteren Wünsche verstummen und das Weib muß unterthan dem Manne sein, dem es sich ergeben hat. — Dieser Bund aber, Herr Hauptmann, ist geschlossen, Herz und Hand gehören nicht mehr mir an, und es wäre schon ein Frevel, wenn ich nur darüber nachdenken wollte, was ich gethan hätte, wenn dieser Bund noch nicht geschlossen wäre."

„Wie manches Bündniß wurde wieder gelöst, mein Fräulein," entgegnete Legrand, „wenn höhere Rücksichten es geboten! wie mancher Vertrag zerrissen, wenn einer der Betheiligten einsah, daß sein Vortheil es erheischte!"

„Vortheil, Rücksichten, Herr Hauptmann?" erwiederte Mathilde in etwas gereiztem Ton, „was meinen Sie damit? Ich traue Ihnen viel zu viel Zartgefühl zu, als daß ich glauben könnte, Sie wollten diesen meinen Verlobten auf eine Stufe stellen, die mit der, die Sie im Auge haben, keinen Vergleich auszuhalten vermöchte. Ich glaube das nicht und will in Ihre Worte nur den Sinn legen, daß der Herr Obergeneral der französischen Armee mir ein Loos bereiten wolle, vor dem es dem Bürgermädchen schwindeln würde. Wer sagt Ihnen aber, Herr Hauptmann, daß dieses einfache Bürgermädchen vor so viel unge=

wohnten Glanzes nicht erblinden müßte? wer sagt Ihnen, daß die Tochter des schlichten Baumeisters nicht mit Widerwillen jene Säle betreten würde, wo sie nur hochgebornen Damen und stolzen Herzoginnen begegnete? Nein, mein Herr! die Vorsehung hat es sehr weise eingerichtet, daß sie unter allen lebenden Wesen verschiedene Stände geschaffen hat, und während der majestätische Löwe der gefürchtete Beherrscher der Wüsten ist, muß sich das Lamm mit der engen Pferche begnügen, um dort vor dem Zahne des Wolfes geschützt zu sein. — Ich bleibe in meiner Sphäre, mein Herr, und werde mich nur in dieser frei, glücklich und behaglich fühlen."

„Ist das Ihr letztes Wort, mein Fräulein?"

„Es ist mein letztes, so wie es mein erstes war."

„Nun denn, so komme ich zum zweiten Theil meiner Sendung:

„Der Herr Obergeneral Monclar, der Commandant des hiesigen Platzes und der unumschränkte Herr über das Wohl und das Weh der Stadt Speyer hat mich ferner ermächtigt, aus eigenem Antrieb Ihnen zu sagen, was mir für die Erfüllung seines Wunsches förderlich zu sein scheint. Da es nun zum Aeußersten zwischen uns gekommen ist, so benütze ich diese Erlaubniß und nehme meine Zuflucht zu Ihrer Vaterlandsliebe. Nicht wahr, mein Fräulein, Sie lieben Ihre Vaterstadt sehr?"

„Wie mein Leben, Herr Hauptmann!"

„Nun denn! Bei dieser Liebe beschwöre ich Sie, Ihren Sinn zu ändern und dem Antrage desjenigen Gehör zu geben, in dessen Händen das Schicksal Ihrer Vaterstadt ruht."

„Ich verstehe den Sinn dieser Worte nicht, Herr Hauptmann! Wie? der hochherzige Feldherr, der Obergeneral Monclar, der Mann, den wir wegen seiner Herzensgüte zu bewundern Gelegenheit hatten, er sollte Sie beauftragt haben, mir zu sagen —"

„Er hat mich nicht gerade beauftragt, aber mir doch zu verstehen gegeben, daß Sie für Ihre Vaterstadt sowohl ein schützender Engel, als auch eine Vollstreckerin des Schicksals werden können, ganz nach Ihrem Belieben."

„Herr Hauptmann!" rief Mathilde zornentbrannt aus, „kann das der Sinn desselben Mannes sein, dem nach seiner eigenen Betheuerung Familienglück das schätzenswertheste Gut auf Erden ist? Desselben Mannes, der sich in unserm Kreise so heimisch fühlte? Ich kann es nimmermehr glauben!"

"Und dennoch ist es so! Ich sage Ihnen daher unverhohlen, was sich in letzter Zeit begeben hat. Ihre Vaterstadt ist von einem großen Unglück bedroht, vom schrecklichsten, das sich denken läßt. Denn Alles, was Sie bis jetzt erlebt haben, bleibt weit hinter einer gänzlichen Vernichtung, einer völligen Zerstörung zurück."

"Barmherziger Gott!" riefen alle Anwesenden entsetzt aus.

"Barmherzigkeit kann nur von Ihnen geübt werden, mein Fräulein! Seien Sie barmherzig, damit Ihnen die Söhne Ihrer Vaterstadt nicht fluchen, deren Töchter Sie nicht verwünschen."

"Aber, mein Gott, was soll ich thun? wie kann ich armes Mädchen dieses Unglück abwenden?" jammerte Mathilde händeringend.

"Mit einem einzigen Worte! Doch hören Sie: Der neueste Befehl aus Paris lautet, die ganze Pfalz solle zerstört und der Erde gleich gemacht werden. Der Herr Obergeneral wurde um seine Ansicht befragt, ob er es nicht für rathsam erachte, außer der Festung Landau noch einen andern Platz zu bezeichnen, der ohne Nachtheil für unsere Armee verschont bleiben könnte. Bis jetzt hat er sich noch nicht entschieden, wird es aber unverzüglich nach meiner Rückkehr thun. Sie sehen also, daß das Schicksal Ihrer Vaterstadt von der Entscheidung dieser Stunde abhängt. Ohne Zweifel aber wird Ihr Entschluß ein gewichtiges Wort zu deren Gunsten oder zu deren Verderben reden. Bedenken Sie wohl, um was es sich handelt! bedenken Sie wohl, daß mein Herr und Gebieter ein entscheidendes Wort zu reden hat und es zu Gunsten seiner Geliebten auch reden wird. Ich glaube annehmen zu dürfen, er werde Mittel und Wege finden, die alte Stadt der Kaisergräber zu retten, und der allerchristlichste König Ludwig XIV. werde seiner Fürsprache um so geneigter sein, als er die Kathedrale verschonen möchte und wegen ihrer auch vielleicht die Stadt begnadigt. Und dieses alles hängt von einem Worte aus Ihrem Munde ab. Sprechen Sie es aus, dieses Wort, mein Fräulein, und seien Sie die Retterin und Erhalterin Ihrer Vaterstadt!"

Mathilde saß einer Bildsäule ähnlich da. Die Worte des

Hauptmanns hatten so mächtig auf sie gewirkt, daß ihr schönes Gesicht von einer Todtenblässe überzogen wurde. Der Hauptmann schwieg, eine Antwort erwartend; doch Mathilde war nicht im Stande, diese zu geben, und es entstand eine peinliche Stille im Gemache des Bauherrn, der selbst rathlos die Unterredung mit angehört hatte und das Schrecklichste für seine geliebte Vaterstadt befürchtete.

„Nun, mein Fräulein?" fuhr der Hauptmann nach einer Weile fort, „haben Sie entschieden?"

Mathilde machte eine verneinende Bewegung, drückte ihre Hände auf ihr Herz, während sich Thräne um Thräne aus ihren schönen Augen drängte und ihre Wangen benetzte. Sie war ein Bild des Jammers und des Erbarmens; doch Legrand drang auf eine bestimmte Antwort, und noch ehe die Anverlobte des Malers einen Entschluß ausgesprochen hatte, trat dieser selbst vor, stellte sich zwischen seine Geliebte und den Hauptmann, ergriff Mathildens Hand, auf die er einen heißen Kuß drückte, und sagte dann mit halbgebrochener Stimme:

„Das Schicksal verlangt ein unerhörtes Opfer, geliebte Mathilde! ein Opfer, bei dem mein Herz verbluten möchte. Du weißt, wie ich Dich liebe, angebetetes Mädchen! weißt, wie ich kämpfte und was ich litt, um mein Ziel zu erreichen; weißt auch, wie glücklich ich mich schätzte, als ich dieses Ziel endlich erreicht hatte. Aber es scheint, als wolle die Vorsehung unsern Bund nicht geschlossen wissen, da sie einen so hohen Preis für denselben verlangt. Das Wohl von mehren tausend Familien darf wegen uns nicht geopfert werden, meine Süßgeliebte! eine der prächtigsten Städte am Rhein nicht zu Grunde gehen. Entsage mir daher, meine heißgeliebte Braut! bringe dem Vaterlande dieses Opfer, auf daß es Dich segne und den Himmel anrufe, daß er Deine Zukunft beschütze."

Mathilde sah ihren Verlobten mit thränenschweren Augen an; sie versuchte es, einen festen Blick auf ihn zu richten, aber der dichte Schleier, der ihr Augenlicht umhüllte, gestattete es nicht. Sie ließ beide Arme schlaff herunterhängen, einem Kinde ähnlich, das sich weder zu rathen, noch zu helfen weiß. Dabei flossen ihre Thränen immer reichlicher; sie beugte ihr schönes Haupt auf die ~~Lehre ihres Gattes~~ und ~~nach den Blicken~~ ihres Vaters zu ~~begegnen, hilfflehend, um Beistand bittend~~? — Die Todtenstille, die jetzt im Gemache herrschte, war erschrecklich, und die Pendelschläge der Wanduhr, die einzigen vernehmbaren Zeichen des regen Lebens, brachten eine störende Disharmonie in diese Stille. Aller Augen waren auf das arme Mädchen gerichtet, das als Opfer ausersehen zu sein schien, welches von hieraus zum Altar eines Götzen geschleppt werden sollte. Der alte Bauherr und sein Sohn sahen ~~schmerzerfüllt~~ auf die unglückliche Tochter und Schwester ~~hin, selbst rathlos~~ und keinen Ausweg findend, der in ihrer Lage ~~einzuschlagen sei~~. Endlich erhob sich Vater Leonhard, näherte sich ~~seinem~~ unglücklichen Kinde, küßte dessen Stirne und sagte mit weicher, zitternder Stimme:

„Meine vielgeliebte Tochter! man hat Deiner großen Seele einen Kampf vorbehalten, würdig, von den größten Helden des Alterthums gekämpft zu werden. Das Vaterland ist in Gefahr, in großer Gefahr, mein Kind! und es steht hilferufend vor Dir. Sei ihm eine Retterin, mein heißgeliebtes Mädchen! entbinde Deinen Verlobten von seinem Worte, so wie er es in seiner Großmuth Dir gegenüber gethan hat. Rette Dein und unser Vaterland, meine Tochter, und laß mich mit dem Bewußtsein von hinnen scheiden, daß mein Kind es war, das sein Herz geopfert hat, um seine Vaterstadt zu erhalten."

Doch Mathilde blieb ungerührt von allen diesen Worten. Sie weinte nicht mehr, und die Blässe auf ihrem Gesichte war allmälig dem wiederkehrenden Feuer gewichen, das ihr Auge belebte und ihre Wangen röthete. Weder des Verlobten, noch des Vaters Worte hatten einen entscheidenden Entschluß bei ihr hervorgerufen, und als wolle sie kein Urtheil fällen, bis sie zuvor die Meinung aller Derer gehört habe, die ihrem Herzen nahe standen, richtete sie den Blick auf den Bruder, der ebenfalls seinen Platz verließ und sich der geliebten Schwester näherte. Der schöne Jüngling, mit den weit über die Schultern herabhängenden blonden Locken, dem blitzenden Auge und den lebhaften Bewegungen in allen seinen Geberden, schien einen großen Gedanken gefaßt zu haben. In seinen Gesichtszügen war ein Gemisch von Liebe, Trotz und Beharrlichkeit zu lesen. Mit Hast sprach er folgende Worte, die sich wie ein lange zurückgehaltener Strom mit um so größerer Gewalt zu entladen schienen, als sie bisher durch einen Damm gehemmt und festgebannt waren:

"Schwester!" sagte er mit erhobener Stimme, "Du hast gehört, was man von Dir fordert, und ich danke Gott, daß Du noch nicht entschieden hast. Vater und Geliebter haben beide nur Eins im Auge gehabt: die Liebe zum Vaterland! Du weißt, Mathilde, wie sehr auch ich das Vaterland liebe, weißt, daß ich gerne den letzten Tropfen Blutes für dasselbe hingeben würde, wenn ich es damit retten könnte. Aber etwas hat der Vater nicht beachtet, als er Dich opfern wollte, etwas der edle Freund nicht bedacht, als er in seiner Großmuth sein Herz zerrissen wollte. Ich meine die Ehre unseres Hauses, geliebte Schwester! die Ehre der Leonhard, die seit Jahrhunderten sich makellos vom Vater auf Sohn vererbte. Wohl wird es Dir die Bürgerschaft danken, wenn Du ihr dieses Opfer bringst; wohl wird man sagen: die Tochter des Baumeisters hat unsere Habe gerettet! Man wird der stolzen Generalin wie einer Königin huldigen; ja es dürfte sogar kommen, daß Abgeordnete der geretteten Stadt vor Deinem Palaste in Paris demüthig um Einlaß bäten, um Dir diese Huldigung zu bringen. Du würdest sie gnädig empfangen und noch gnädiger entlassen. — Das sind gar schöne Aussichten, Schwester! Aussichten, die für eine schlichte Bürgerstochter verlockend genug sein dürften, um ihren Verlobten, ihr Wort, ihr Herz, ja sich selbst ohne Bedenken hinzugeben. Aber, meine Schwester! was wird dieses verschleuderte Herz einst sagen, wenn es übersättigt von allen diesen Dingen, und verlassen von allen seinen Lieben, mit sich allein sein wird? was wird es sagen, wenn es nach Liebe schmachtet und nur goldgewirkten Tapeten begegnet? was wirst Du selbst sagen, geliebte Mathilde, wenn Deine Blicke den liebenden Bruder suchen und nur auf kalten Marmor fallen? Aber noch eins: was wird die Welt sagen? wie werden Dich die Franzosen selbst beurtheilen? Seht, wird man sich zuflüstern, das ist eine Deutsche mit ihrer vielgerühmten Tugend! Sie hat ihren Vater, Bruder und Bräutigam verlassen, um einem unserer Soldaten zu folgen! So, meine Schwester, wird das deutsche Mädchen in der Seinestadt beurtheilt werden. Jetzt entscheide, geliebte Mathilde! wähle zwischen der Ehre und der Pflicht, wenn Du glaubst, daß es wirklich Deine Pflicht sei, die Erhaltung unserer Vaterstadt mit einem solchen Opfer zu erkaufen."

„Bruder, mein geliebter Bruder!" rief Mathilde mit Ungestüm aus, indem sie den Jüngling fest umschloß und an ihr Herz drückte, „Du redest mir aus der Seele! So, und nicht anders, darf Deine Schwester denken! so, und nicht anders, mußte mein Bruder reden!" Und sich zum Hauptmann wendend, fuhr sie fort: „Sie haben gehört, Herr Hauptmann, was der Sohn des Baumeisters sagte. Sagen Sie Demjenigen, der Sie gesandt, daß ich ebenso denke. Gott möge das Herz des Generals zum Guten lenken! Ich kann und darf seinen Antrag nicht annehmen. Sagen Sie ihm, daß das deutsche Mädchen sein Wort gegeben habe, diesem Jünglinge anzugehören, und keine Macht der Welt es davon entbinden könne. Dieses ist mein letztes Wort, Herr Hauptmann! Jetzt handeln Sie, wie Sie es vor Gott und Ihrem Gewissen werden rechtfertigen können. Sie sagten, es läge in der Hand des Obergenerals, unsere Stadt zu verschonen? Nun denn, er sei großmüthig und übe Barmherzigkeit! Aber etwas anderes, als unsern Dank, können wir ihm nicht dafür geben. Ich bin eine deutsche Jungfrau und werde als solche mein Versprechen halten, so wahr mir Gott gnädig sein möge!"

„Reizen Sie den Löwen nicht!" rief Legrand zornentbrannt aus, „reizen Sie den Gewaltigen nicht mit solch kühnen Worten, nachdem er Ihnen so gnädig war. Der Fluch Ihrer Mitbürger wird über Sie kommen, wenn durch Ihr Verschulden die ganze Stadt in Flammen aufgeht."

„Der Fluch meiner Mitbürger wird über Diejenigen kommen, die Gnade üben konnten und statt dessen die Furien der Hölle heraufbeschworen haben. Bedenken Sie das wohl, Herr Hauptmann, wenn Ihnen anders an Fluch und Segen von Tausenden etwas gelegen ist."

Nachglühend und Wuth im Herzen verließ Legrand das Haus des Bauherrn, um es nie wieder zu betreten.

## VI.

Wir führen den Leser nach Straßburg, wo in einem einsamen

Kämmerlein eines alten und baufälligen Hauses ein junger Mann arbeitend an einem Bilde saß. Das Gesicht des Künstlers war blaß und schien von Kummer und Leiden ergriffen zu sein. Zuweilen legte er Pinsel und Palette nachlässig vor sich hin, seufzte tief auf und richtete den traurigen Blick in die Höhe. Dann griff er wieder nach denselben und arbeitete weiter; aber ohne jene Lust, die dem Jünger der Kunst inne wohnen soll, ohne jene Liebe und jenes Feuer, die dem wahren Kunstwerke den belebenden Geist einhauchen. Einer willenlosen Maschine ähnlich arbeitete er an seinem Tagwerk, langsam, schleppend, ohne Energie und ohne Liebe zur Sache.

„So weit ist es mit mir gekommen!" sagte er, indem er die Arme übereinander legte und trüben Blickes vor sich hinsah, „so weit hab' ich es mit all meinen Mühen, mit all meinen Studien gebracht, daß ich in Feindes Land sitze und seine armseligen Bilder restaurire! O, mein Gott, wie schwer müssen unsere Vorfahren gegen dich gesündigt haben, daß du ihre Enkel so hart bestraffst!"

„Heute ist es gerade ein Jahr," fuhr er nach einer Pause fort, „daß mich die Buben aus dem Hause meines Freundes verlockten, um ihnen, wie sie sagten, ein Kunstwerk zu schätzen, das man ihrem Commandanten zum Kauf angeboten hatte. Arglos folgte ich ihnen; doch kaum auf dem Domplatze angelangt, ward ich in einen Wagen gebracht und in's Elsaß geführt. Die Feiglinge hatten den Muth nicht, in Beisein aller Welt diesen Seelenraub zu begehen, obwohl sie vor keinem andern Verbrechen zurückbebten. Seitdem sitze ich hier, übertünche ihre schlechten Bilder, während ich von allen Seiten bewacht werde, daß ich den Boden nicht mehr betrete, auf dem ich so glückliche Stunden verlebt habe. — O Mathilde, meine heißgeliebte Braut! was wird aus Dir geworden sein! wohin mag Dich das Schicksal geschleudert haben und wie hast Du den Untergang Deiner Vaterstadt ertragen? — Und Du, mein Herzensfreund, Du treues Bild der altdeutschen Ehrlichkeit, was mag Deine feurige Seele gelitten haben, als dieses Unheil über euch Alle hereinbrach? — Und Du endlich, biederer Greis, der Du so stolz auf die Bauten warst, die Du theils entstehen sahst, theils selbst aufrichtetest, wie mag es Dir gewesen sein, als jenes Schreckbild sich verwirklichte, das ich Dir einst entworfen habe? Was ist aus euch Allen geworden, Ihr Lieben? O mein Gott! wie oft schon habe ich mir diese Frage vorgelegt, und wie oft schon meinte ich, die Gluth des Verlangens und der Sehnsucht müsse mein Gehirn verbrennen! — Hinweg mit dir, elendes Pfuschwerk!" unterbrach er sich, indem er das Bild unsanft von sich stieß und ein anderes aus einer Mappe nahm. „Komm, Freund, der alle Lieben schon seit einem Jahre geistig in meine Arme führt und sie mit dem Liebeshauch der göttlichen Kunst umschwebt. „So," fuhr er selbstzufrieden und schmerzlich lächelnd fort, „jetzt glaube ich endlich etwas Gutes geschaffen zu haben: Jeremias in der Gefangenschaft, das Klagelied singend:

„An den Wassern zu Babylon saßen wir,
„und weinten, wenn wir an Sion dachten."

„Ja, Meister Leonhard, ein zweiter Jeremias magst Du im Exil Deine verlorene Freiheit beweinen und Seufzer und sehnsüchtige Blicke nach der fernen Heimath senden. Tröstend, doch selbst schmerzerfüllt, sitzt Dir die Tochter zu Füßen, hebt das große Auge zu Dir empor und sieht Dich mitleidsvoll und doch lächelnd, in Schmerz aufgelöst und doch Zuversicht einflößend, an. Ihr gegenüber steht der Bruder mit gekreuzten Armen, trotzig drein schauend, die Hände krampfhaft geballt und in die Ferne sehend, als erwarte er kampfesmuthig eine Legion der Teufel, die seinem edlen Herzen so tiefe Wunden geschlagen haben. Dieses Bild ist keine Phantasie, kein Erzeugniß eines müßigen Gedankens, sondern die treue Copie meiner innersten Ueberzeugung, daß Vater Leonhard mit seinen Kindern, gleich mir in irgend einem Winkel der Erde sein Leben kummervoll fristet. Und Mathilde? — doch nein! ich darf nicht immer wieder daran denken, es würde mich wahnsinnig machen."

In demselben Augenblicke wurden Schritte auf dem Vorplatze hörbar und kurz darauf ward nach einem leisen Anklopfen die Thüre geöffnet. Albert legte das Bild wieder in die Mappe und betrachtete den Eintretenden, den er irgendwo in seinem Leben schon gesehen zu haben glaubte.

Es war ein Mann in den Fünfzigen. Die stark markirten

Gesichtszüge und die seltene Häßlichkeit, mit der die Natur diesen Menschen ausgestattet hatte, machten es dem schwächsten Gedächtnisse möglich, sich desselben wieder zu erinnern, wenn man ihm vor Jahren auch nur einmal und nur flüchtig begegnet war. Und dennoch konnte sich Albert nur dunkel entsinnen, dessen Gesicht einmal gesehen zu haben. — Da aber der Leser etwas genauer mit diesem Manne bekannt ist, so wird er sich wohl an den Wirth zur „Fuchshöhle" erinnern, den wir in Speyer beschäftigt sahen, seine „werthen Gäste" auf's Sorgfältigste zu bedienen.

Mathes erschien aber in einem Aufzuge, der demjenigen eines thätigen und immer geschäftigen Wirthes durchaus nicht ähnlich war. Die dunkelgrüne kurze Jacke, die weiße Schürze und die Kniehosen mit den blauen wollenen Strümpfen — diese Attribute eines flinken Herbergsvaters waren verschwunden und hatten einem leinernen Kittel, eben solchen Beinkleidern und einem großen schwarzen Klapphute Platz gemacht. Große Schuhe mit Messingschnallen waren die Fußbekleidung des ehemaligen „Fuchswirthes," der an einem breiten ledernen Riemen, der ihm um den Hals hing, einen großen Kasten vor sich hertrug, ähnlich dem der Hausirer, die von Dorf zu Dorf herumziehen, um den von den Städten entfernten Landbewohnern Waaren aller Art zu bringen und zum Kaufe anzubieten. Und in der That war Mathes ein „Handelsmann" geworden! Sein Umgang mit seinen „sehr werthen Gästen," die nie in Verlegenheit waren, wenn sie für ihre zufällig erworbenen Schätze einen Käufer suchten, hatte ihm gar häufig Gelegenheit gegeben, die verschiedenartigsten Gegenstände von Werth an sich zu bringen, und so war in der „Fuchshöhle" nach und nach ein Waarenlager entstanden, das mitunter Kostbarkeiten aller Art in sich schloß. Freilich befand sich auch mancher Trödel darunter, der Jahrelang vergebens auf einen Käufer wartete und vom Zahne der Zeit allmälig so zernagt wurde, daß die Herberge nothwendigerweise auch der Aufenthalt der Motten werden mußte.

Der umsichtige „Fuchswirth" hatte wohl daran gethan, sich in der guten Zeit noch mit einem zweiten Erwerb zu befassen, da, wie er richtig calculirte, man nicht wissen könne, wie schlimme Zeiten eintreten, wo das Geschäft im Hause nicht mehr gehe.

Und so kam es auch! Die Fuchshöhle war während des großen Brandes eine Beute der Flammen geworden, und Mathes mußte seine Zuflucht zum Handel nehmen. Er hatte so manches von Werth gerettet, zog damit im Lande umher und kam endlich auch nach dem Elsaß. In Straßburg setzte er mehrere Gegenstände, die er aus seiner Heimath mitgebracht hatte, zu hohen Preisen ab. Er hatte nach dem Brande von seinen alten „werthen Gästen" manchen Schatz an sich gebracht, den diese entweder aus den rauchenden Trümmern geholt, oder sich schon vor dem Brande auf irgend eine Weise angeeignet hatten. Mathes kaufte Alles und glaubte Alles an den Mann zu bringen. Er war ein ebenso gewandter Hausirer geworden, wie er ehedem ein gewandter Wirth war, und selten öffnete er seinen Kasten vergebens; denn immer fand sich für Denjenigen etwas darin vor, für den er ihn geöffnet hatte.

Als tüchtiger Handelsmann befolgte er den Grundsatz, daß Niemand zu gering geachtet werden dürfe, wenn äußerst vorausgesetzt werden könne, ein Geschäft mit ihm zu machen. Und so war er auch in die Dachkammer des Malers gerathen, um auch bei diesem den Versuch zu wagen, irgend ein, wenn auch noch so geringfügiges, Geschäft abzuschließen.

Albert war weder in der Stimmung noch in der Lage, der Einladung des Hausirers Folge zu leisten, und erst als dieser in ihn drang, willigte er ein, den Kram anzusehen. Mathes stellte sein Waarenlager auf den Tisch, öffnete den Kasten und fing an auszulegen.

Doch lange wollte sich nichts vorfinden, das die Kauflust des Malers gereizt hätte. Bänder und Schnüre, Handschuhe und Halsketten, Schnürriemen und Armbänder waren keine Gegenstände, die einen gewissenhaften Mann bestimmen konnten, den kärglich verdienten Lohn für derlei Tand zu vergeuden. — Schon fing Albert an ungeduldig zu werden und wollte den Hausirer ermahnen, ihn nicht länger zu belästigen — als seine Blicke auf einen Gegenstand fielen, der seine Neugierde rege machte. Weit unten im Kasten bemerkte er nämlich einen wohlverwahrten und sorgfältig umhüllten Rahmen, der nach seinem Dafürhalten schon an sich von Werth sein, oder ein Bild umfassen müsse, worauf der

Hausirer großes Gewicht lege. Er fragte daher, was es wäre und ob er den Inhalt nicht sehen könne.

„Warum denn nicht, mein Herr?" sagte Mathes mit Bereitwilligkeit. „Es ist mir alles feil, und ich glaube gerade hier etwas für Sie zu haben. O, es ist ein großes Kunststück, das größte, das aus der Hand eines berühmten Malers hervorging."

„So lassen Sie sehen!"

Mathes nahm es heraus, löste Bindfaden, Watte, Pappendeckel und Papier ab, und als er das Bild wohlerhalten aus seiner Hülle hervorgehen sah, lächelte er selbstgefällig über seine Geschicklichkeit, es so gut verwahrt zu haben.

Albert hatte ihm aufmerksam zugesehen, und je mehr er des Bildes ansichtig wurde, desto gespannter und überraschter wurde er. Nein, es war keine Täuschung! Dieses Bild in dem Kasten des Hausirers war sein Werk, es waren die Bildnisse der Kaiser, die er für seine Geliebte copirt hatte, jenes Kunstwerk, durch das ihm der Zutritt in das Haus des Bauherrn gestattet worden war.

Wie kam es in den Besitz dieses Menschen? warum hatte es Mathilde, deren ausschließliches Eigenthum es war, in fremde Hände kommen lassen? In wenigen Augenblicken durchkreuzten sich tausend Gedanken in seiner aufgeregten Phantasie: Was sollte er jetzt beginnen? wie in den Wiederbesitz des Bildes kommen, da der Hausirer ohne Zweifel einen Preis dafür verlangen werde, den er in seiner dürftigen Lage nicht bezahlen konnte? — Aber noch ein anderer Gedanke mischte sich mitunter ein: „Wie?" dachte er, „sollte ich durch diesen Hausirer nicht eine Auskunft über Mathildens jetzigen Aufenthalt bekommen können? Ja, ich will es versuchen!"

„Nun," fragte Mathes, „wie gefällt Ihnen dieses Kunstwerk, mein Herr?"

„Ich kann mich, streng genommen, weder lobend noch tadelnd darüber aussprechen," antwortete Albert, „da ich nicht weiß, ob die Originale, die es vorstellt, auch gut getroffen sind."

„Zum Sprechen getroffen, mein Herr! ganz zum Sprechen, das versichere ich Sie auf Ehre."

„Sie kennen demnach die Originale?"

„Ob ich sie kenne! kannte, wollte ich sagen."

„Wie soll ich das verstehen?

„Es ist ein eigenes Ding, Herr Künstler! Doch ich muß Ihnen die Sache auseinander setzen. Sehen Sie, unsereins hat auch ein Herz, das fühlt, was Schmerz und Leid ist. Sie müssen nämlich wissen, daß ich aus Speyer bin, das ein so trauriges Loos gehabt hat."

„Aus Speyer? So! und weiter?"

„Sie werden gehört haben —"

„Nur weiter! weiter!"

„Nun, unser Dom, die größte Zierde des Rheinstroms, war mit diesen Bildern geschmückt, das heißt, mit den Originalen aus alter Zeit. Als wir nun hörten, daß er zerstört werden solle, so wollten wir die schönen Kaiserbilder nicht so ganz zu Grunde gehen lassen, weßhalb wir eine Copie von ihnen nehmen ließen."

„Ihr? Ihr hättet eine Copie nehmen lassen? Wen versteht Ihr mit diesem Worte?" fragte Albert, den frechen Menschen von Kopf bis zu Fuß betrachtend.

„Nun," entgegnete Mathes, indem er einen Seufzer ausstieß, „die Bürger der Stadt Speyer, zu denen auch ich gehörte. Aus reiner Pietät zahlten wir einen guten Preis, um den ich später, als meine armen Mitbürger in die Fremde zogen, das Kunstwerk an mich brachte. Ich lasse es nicht gerne in fremde Hände kommen; aber die Zeiten sind schlecht und —"

„Schweige, Bube!" donnerte ihm Albert zu, indem er ihn an der Brust faßte. „Gestehe, wo und auf welche Weise Du in den Besitz dieses Bildes kamst, oder, beim Allmächtigen, Du verlaßt dieses Zimmer nicht mehr."

„Herr!" stöhnte der Hausirer, „was haben Sie mit mir vor? Ist hier zu Lande keine Gerechtigkeit mehr, die mir mein Eigenthum sichert?"

„Schandbube! wie magst Du es wagen, die Gerechtigkeit anzurufen, die Dich zum Galgen verurtheilen würde? Woher ist das Bild? ich frage noch einmal, wie kam es in Deinen Besitz? Gestehe, oder ich erdrossele Dich auf der Stelle."

„Mensch! sind Sie rasend?" schrie Mathes, sich mit Gewalt losmachend, „wie können Sie sich unterstehen —"

„Schweige, Elender! wie kannst Du selbst Dich unterstehen, mit frecher Stirne so zu lügen? Ich kenne das Bild und weiß, daß alle Deine Worte erlogen sind. Sage, wie kommst Du in das Haus des Baumeisters Leonhard? Rede die Wahrheit, und sie dürfte Dir von größerem Nutzen sein, als Dein ganzes Lügengewebe."

„Des Baumeisters Leonhard?" stammelte der Hausirer, der mit Schrecken einsah, daß der Künstler mehr wisse, als ihm lieb war.

„Ja, des Baumeisters Leonhard!" wiederholte Albert, „desselben Baumeisters, dessen Tochter in dem Besitze dieses Bildes war, das ich selbst copirt habe."

„Wie? Sie selbst?" wiederholte Mathes, „Sie selbst?"

„Ich selbst, Schurke! Mein Name ist Albert, den Du, wenn Du Dein Schelmenauge anstrengst, am Faltenwurf des Kaisers Heinrich IV. angebracht finden wirst. Du siehst, daß ich mehr weiß, als Du mir zutrauen konntest. Gestehe daher die Wahrheit und sie dürfte Dir theuer genug bezahlt werden."

„Ich kann Ihnen keinen Aufschluß geben, der für Sie von Wichtigkeit wäre," antwortete Mathes. „Wie Sie wissen werden, haben die Bewohner unserer Stadt alle Sachen von Werth in den Dom gebracht, dessen Erhaltung ihnen zugesichert war. Da aber auch er in Flammen aufging, so verbrannten gar viele Kostbarkeiten, und die in der Asche aufgefundenen wurden von den Soldaten als Beute genommen. Auch dieses Bild kam in die Hände eines Franzosen, dem ich es aus reiner Liebe zu unserer zerstörten Kathedrale um einen hohen Preis ablaufte. Sonst weiß ich nichts, das versichere ich Sie auf Ehre."

„Laß die Ehre aus dem Spiele und sage mir, ob Du nichts von der Besitzerin dieses Bildes gehört hast."

„Von der Besitzerin? wen haben Sie vorhin genannt?"

„Fräulein Leonhard, die Tochter des städtischen Bauherrn!"

„Leonhard? Richtig! Ja doch! ich habe so manches von dem braven Mann und seinem Kinde reden hören."

„So erzähle!"

„Ganz genau kann ich Ihnen nichts sagen. Ich hörte nur so verworrenes und dunkles Zeug untereinander reden, daß ich selbst nicht herauskomme. So viel konnte ich entnehmen, daß der Obergeneral ein Auge auf das Mädchen geworfen, dieses ihn aber zurückgewiesen habe. Was weiter vorging, weiß ich nicht mit Bestimmtheit zu sagen, da ein Jeder genug mit sich selbst zu thun hatte und sich nicht mit den Angelegenheiten Anderer befassen konnte."

„Ist Dir nicht bekannt, was aus der Familie des Bauherrn geworden ist?"

„Sie stellen viele Fragen an mich, Herr Künstler, und scheinen nicht zu bedenken, daß die Zeit Gold für mich ist. Je länger ich mit Ihnen plaudere, desto mehr verliere ich in meinem Geschäfte."

„Das weiß ich! Glaube aber ja nicht, daß ich nicht im Stande wäre, Dir Deine Zeit zu bezahlen. Ich muß wohl fleißig arbeiten, um mein Leben zu fristen; aber doch habe ich noch so manchen Gegenstand von Werth, den ich für einen außerordentlichen Dienst hingeben würde. Sieh diese goldne Repetiruhr! Sie ist ein Geschenk meines Pathen, eines reichen Patriziers aus Nürnberg, und das Meisterstück eines gefeierten Künstlers. Ich hätte nie geglaubt, daß ich mich je von ihr trennen könnte. Wenn Du mir aber genauen Aufschluß über das Schicksal und den Aufenthalt meiner Freunde gibst, so gehört die Uhr Dir, und Du wirst dabei einen Handel machen, wie Dir noch keiner vorkam."

Albert zeigte dem Hausirer das mit guten Steinen besetzte Kunstwerk und Mathes zuckte unwillkürlich zusammen, denn auf den ersten Blick hatte er dessen hohen Werth berechnet, und der Entschluß stand fest bei ihm, Alles aufzubieten, um in seinen Besitz zu kommen.

„Ich biete Ihnen einen Tausch an," sagte er. „Geben Sie mir die Uhr, und ich überlasse Ihnen das Bild, so schwer es mir auch fällt, mich von ihm zu trennen."

„Du hast den Preis gehört, um den ich Dir das Kostbarste überlasse, das ich besitze," sagte Albert. „Kannst Du mir keine Auskunft über meine Freunde geben, so ziehe Deines Weges."

„Und das Bild, Ihr eigenes Werk, wollten Sie in fremde Hände kommen lassen?"

„Du kennst meinen Entschluß, und magst darnach handeln."

4*

„Wie wäre es aber, wenn ich von der Familie Leonhard nichts wüßte?"

„Dann stört mich nicht weiter!"

„Warten Sie doch! wo habe ich dann den Baumeister zuletzt gesehen? Du mein Gott! man wird alt, das Gedächtniß nimmt ab, und dazu der Kummer, das Herzeleid über den Verlust meiner ganzen Habe. Wäre nur mein Sohn —"

„Hast Du auch einen Sohn?"

„Einen prächtigen Jungen! Die Franzosen haben mir ihn genommen und ihm den Soldatenrock angezogen."

„Wie? ein deutscher Jüngling ließ sich vom Feinde seines Vaterlandes anwerben? O der Schande!"

„Lassen Sie's gut sein! Wer weiß, ob Sie mir's nicht noch danken, daß es so gekommen ist. Dieser deutsche Jüngling wird seinem Landsmann einen Dienst erweisen, für den ihm dieser nicht genug wird danken können. Ich habe einen Plan, einen süperben Plan! Nun, Sie werden sehen."

„Wo ist jetzt Dein Sohn?"

„Hier in Straßburg! In einigen Stunden sollen Sie ihn sehen. Erlauben Sie mir daher, daß ich jetzt wieder einpacke und den ersten Schritt thue, um Ihnen zu dienen."

„Nicht von der Stelle! Ich glaube Dich genug zu kennen, um Deinen Worten keinen Glauben zu schenken."

„Ich versichere Sie auf Ehre —"

„Ich weiß, was ich von Deiner Ehre zu halten habe."

„Wenn Sie den Worten eines ehrlichen Mannes nicht glauben wollen, so muß er Ihnen wohl ein Unterpfand hinterlassen. Hier, nehmen Sie das Bild, an dem mir gar viel gelegen ist. Wenn ich bis zur Mittagsstunde nicht wieder bei Ihnen bin, so sei es Ihr Eigenthum."

„Gut, ich nehme es an!"

In größter Eile wurde der Kasten des Hausirers wieder geordnet, gepackt und geschnürt, und dieser eilte fort, um seinen Sohn bei seinem Regimente aufzusuchen, das von der Pfalz aus nach Straßburg gekommen war, um sich von einem andern abzulösen zu lassen.

## VII.

In der Wachtstube zu Straßburg begegnen wir zwei alten Bekannten, den beiden Sergeanten Grosjean und Lemaître. Ersterer, der sich durch seine vielen Dienstjahre und seine strenge Mannszucht des besondern Wohlwollens seiner Vorgesetzten zu erfreuen hatte, war bei seinen Kameraden gleichsam eine unfehlbare Persönlichkeit geworden. Wenn er mit ihnen am Weinkruge saß — und dieß geschah fast immer, wenn der Dienst und sein Geldbeutel es ihm erlaubten — so war er nicht nur der wackerste Zecher, sondern auch ein tüchtiger Wortheld, der jede Unterhaltung eröffnete und sie leitete. Widersprüche konnte er eben so wenig ertragen, als er es duldete, daß ein Anderer ein Thema berührte, das ihm gerade nicht zusagte und, wie er sich auszudrücken pflegte, nicht nach seinem Gusto war.

Man ließ ihn gewähren und gab ihm nach, wie einem Kinde. Das wußte er aber auch, und dadurch war er nach und nach so verwöhnt worden, daß er sich bei jeder Gelegenheit an die Spitze stellte, das Wort nahm und es so lange führte, bis er entweder erschöpft war, oder vom Dunste des Weines in ein sanftes Schläfchen gelullt wurde.

Die Unterhaltung in der Wachtstube hatte gerade begonnen und versprach eine recht lebhafte zu werden. Denn Grosjean war besonders guter Laune und hatte einen mächtigen Humpen vor sich stehen, den er eben bis zum Rande gefüllt hatte.

„Sollst leben, Lemaître!" sagte er zu seinem Kameraden, indem er das Trinkgefäß in in die Höhe hielt, „sollst leben, Bruder!"

Ein tüchtiger Zug begleitete diesen herzlichen Bescheid, der eben so herzlich erwiedert wurde.

„Ein schön Ding um den Wein!" fuhr Grosjean fort, „eine prächtige Einrichtung, daß man den würzigen Saft so bequem und ohne alle Mühe hinunterschlürfen kann. Doch hätt' es unser Herrgott als noch besser machen können."

„Noch besser? Da bin ich doch begierig."

„Er hätte neben jedem Weinstock einen Kelter wachsen lassen und an diese einen großmächtigen Schlauch befestigen können, der so viele Oeffnungen gehabt hätte, als es Trinker brauchte, um den Saft eines Weinbergs in einer Nacht bis auf die Hefe auszutrinken."

„Und dann, Grosjean?"

„Bist ein gescheidter Mensch, Lemaître! warst draußen bei Deutschen und bist bei ihnen ein tiefer Denker geworden. Du fragst mich, was dann geschähe? Das will ich Dir sagen: Neben jeder Oeffnung des Schlauchs stände ein wohlgepolstertes Ruhebett, auf das sich der Zecher hinlegte, in selige Träume verfiele und nicht wieder erwachte, bis es Abend geworden wäre."

„Aber was thäten sie dann, da der ganze Ertrag des Weinbergs schon aufgezehrt wäre?"

„Du bist ein Talps! wie die Deutschen zu sagen pflegen. Ueber Nacht müßte Alles von vorn anfangen, die vier Jahreszeiten würden in vierundzwanzig Stunden prächtig mit einander abwechseln, so daß, wenn die lieben Brüder erwachten, der Herbst wieder da wäre."

„Das würde ja ein wahres Hottentottenleben geben, von dem wir in der „Fuchshöhle" in Speyer so oft haben reden hören."

„Apropos!" fiel ihm Grosjean in's Wort, „da Du gerade die „Fuchshöhle" erwähntest, weißt Du nicht, was aus unserm charmanten Wirth geworden ist?"

„Weiß nicht, Grosjean! hab' nichts mehr von ihm gehört. Der schlaue Fuchs wird wohl nicht zu kurz gekommen sein, und ich glaube, daß ihm sein abgebrannter Bau reichlich bezahlt worden ist."

„Wie verstehe ich das?"

„Höre, Grosjean! ich gönne gewiß keinem Menschen etwas Böses, aber diesen Schuft hätte ich wahrhaftig gerne in's Feuer geworfen, wo es am stärksten brannte."

„Hoho! das hätte ja einen wahren Teufelsbraten gegeben."

„Das hätte es sicherlich, und ich bezweifle, ob der Teufel in seiner ganzen Küche einen solchen Bissen aufzuweisen hat."

„Der Fuchswirth scheint Dich recht in Harnisch gebracht zu haben. Was hast Du mit ihm gehabt?"

„Das will ich Dir sagen, Grosjean! Du weißt, daß wir während und nach dem Brande so manches auffanden, das wir als gute Beute betrachteten. Nun hat mich der Bursche, der einer der Eifrigsten beim Aufwühlen des Schlosses war, überredet, ihm meinen Theil zur Aufbewahrung zu geben, da er, wie er sagte, außerhalb der Stadt ein Zelt aufschlagen werde, wo er Alles getreulich hüten wollte, was ihm seine Freunde anvertrauen würden. Ich glaubte seinen Worten und —"

„Und der Fuchs hat Dich betrogen?" unterbrach ihn Grosjean lachend, „das ist Dir recht geschehen, Lemaître! Wie mochtest Du auch einem solchen Menschen trauen! Geh', Du verdienst tüchtig ausgezankt zu werden. Nun, hast Du ihn nicht mehr zu sehen bekommen?"

„Mit keinem Auge! Die Katze war mit dem Braten verschwunden und hatte mir nicht einmal einen armseligen Knochen zurückgelassen."

„Das ist schrecklich! ich sage Dir, haarsträubend! Wie mancher Tropfen edlen Weines hätten wir uns für Deine reiche Beute kaufen können, während wir jetzt bald auf der Hefe sitzen werden. Denn glaube mir, mein Freund, bei aller Sparsamkeit werde ich mit meinem Theil doch auch bald fertig werden."

„O daß er mir in meinem Leben nur noch einmal zu Gesicht käme!"

„Was sagte denn sein Sohn zu diesem saubern Streich?"

„Sein Sohn? Ich sage Dir, Grosjean, daß ich dem nicht mehr traue, als dem Alten. Er ist ein verschmitzter, schlauer Bursche, und es sollte mich wundern, wenn er uns nicht einmal einen Streich spielt."

„Da sollte ihn ja gleich der —"

Dieser nur zur Hälfte ausgesprochene kameradliche Wunsch wurde durch das Eintreten eines Soldaten unterbrochen, der Kanne und Becher von Neuem füllte und sie den beiden Herren vorsetzte.

„Was bringst Du Neues, Réné?" redete ihn Grosjean an.

„Weiß nichts, Herr Sergeant."

„Sage, Réné, Du bist ein kluger Mensch und weißt eine Wachtel wohl von einem Sperling zu unterscheiden. Kannst Du mir keine Auskunft über das Betragen Deines Kameraden Mathes geben?"

„Hm, Herr Sergeant!" erwiederte der Gefragte, „was meinen Sie damit?"

„Das ist doch leicht zu errathen, Réné! Wie benimmt er sich gegen seine Kameraden, was hält man im Regiment von ihm und wie ist er überhaupt im Umgang mit seinen Freunden?"

„Mit seinen Freunden? Da fragen Sie mich zu viel, Herr Sergeant! Denn wenn ich vom Umgang mit seinen Freunden reden soll, so müssen Sie mir vorerst sagen, wer diese eigentlich sind. Ich wenigstens kenne nicht einen einzigen."

„Das ist schlimm, Réné! Ein jeder Mensch muß doch seine Freunde haben."

„Mathes hat keinen einzigen, Herr Sergeant!"

„Wie kommt das?"

„Du mein Gott, wie kommt das! Freunde wachsen nicht nur so über Nacht wie Pilze aus dem Boden, und es gehört schon ein wenig Geschick, ich wollte sagen ein wenig Ehrlichkeit dazu, und da diese dem Sohne des deutschen Fuchswirths völlig abgeht, so mag ihn keiner seiner Kameraden leiden. Auch meidet er sie überall und geht seine eigenen Wege. Seit einigen Tagen besonders bringt er jede freie Stunde in einem abgelegenen Quartier zu, wo er in einer verdächtigen Herberge ein- und ausgeht, in der gewöhnlich Taschenspieler, Zigeuner und derlei herumziehendes Gesindel einzukehren pflegt."

„Man muß den Burschen beobachten, Réné! Hörst Du? und wenn man etwas Verdächtiges an ihm bemerkt, es sogleich zur Anzeige bringen."

Der Soldat verließ seine Vorgesetzten und Grosjean fuhr fort:

„Sage, Lemaître, was hältst Du von dem jungen Menschen, der —"

„Du meinst den Maler in der Brunnengasse?"

„Denselben! Schon in Speyer war er dem Hauptmann Legrand ein Dorn im Auge, weil — nun Du kennst ja die Geschichte, und man redet auch nicht gerne davon. Aber ich meine, es sei doch ein wenig hart, daß man dem armen Teufel nicht erlaubt, die Stadt zu verlassen. Man sollte doch glauben, die Liebespossen wären ihm vergangen."

„Wer weiß, Grosjean! Die Deutschen sind gar zähe Naturen,

und wenn einmal so ein Paar aufeinander versessen ist, so läßt es sich so leicht nicht mehr trennen. Man hat es ja drüben in Speyer gesehen, wo doch so viel aufgeboten wurde —"

„Bst, Lemaître! Ein kitzlich Ding! Wollen nicht weiter davon reden. Doch sage, was ist aus dem Zankapfel selbst geworden? Wo ist das Mädel hingekommen?"

„Das ist es eben, Grosjean! Kein Mensch weiß, was aus der Familie des Baumeisters geworden ist, und gerade deßhalb wird der Maler hier bewacht, da eine Zusammenkunft mit seiner Herzallerliebsten vermieden werden soll."

„Warum hat man aber den Burschen nicht eingesteckt?"

„Das ging nicht an, Grosjean! Du weißt, daß man bei dieser Geschichte jedes Aufsehen zu vermeiden suchte, und da sich der Maler immer ruhig verhielt und zu keiner Klage Veranlassung gab, so wollte man auch keine weitere Verantwortlichkeit übernehmen. Zudem ist jetzt nichts weiter zu befürchten, da das Liebespaar getrennt ist und der beabsichtigte Zweck erreicht wurde."

„Welchen Zweck hatte eigentlich diese Trennung? Ich gestehe Dir, daß ich nicht recht klug aus der Geschichte werde."

„Ja du mein Gott! welchen Zweck! Rache, Eifersucht! was weiß ich?"

„Hm, hm!" brummte Grosjean in den Bart, indem er einen vollen Becher auf einen Zug leerte. „Subordination ist ein schön Ding, Lemaître! Sie stopft den Mund und erspart das Nachdenken. Sie soll leben! Stoß an, Bruder! die Subordination lebe hoch!"

Während dieser Unterredung auf der Wachtstube saß der Hausirer Mathes in einer Sackgasse in einem Dachkämmerchen. Neben ihm stand sein Waarenkasten auf der Erde. Von Zeit zu Zeit stand er auf und streckte sich seiner ganzen Länge nach in die Höhe, um durch ein kleines Fenster auf die Straße zu sehen. Offenbar erwartete er Jemand mit Ungeduld, denn zuweilen ward er unruhig, rückte auf seinem dreibeinigen Stuhl ohne Lehne hin und her und murmelte einige unverständliche Worte in den Bart. Dann saß er wieder in Gedanken vertieft da, legte seine Hände über einander und drehte die Daumen im Kreisel. Dabei wiegte er den Kopf fast willenlos und machte überhaupt alle Zeichen eines in Gedanken versunkenen und über einen Plan nachdenkenden Menschen.

Endlich hörte er Tritte auf dem Vorplatze. Er wurde aufmerksam, und nach wenigen Augenblicken trat sein Sohn in das Zimmer.

„Hab' schon gemeint, ich müsse eine Ewigkeit dasitzen," sagte der Hausirer mit verdrießlicher Miene. „Die Zeit verstreicht unbenützt und mein Geschäft geht zu Grunde, während der Herr Sohn herumschlendert und Gott weiß was für Händel treibt."

„Ich komme eben von der Wache," erwiederte der Soldat, „und kaum abgelöst eilte ich hierher, um Dich nicht warten zu lassen."

„Nun, wie ist's, Franz? Hast Du über meinen Plan nachgedacht?"

„Das habe ich; aber er kommt mir gar gefährlich vor."

„Hast Du einen andern und bessern?" frug der Vater in barschem Ton.

„Nein! Aber, wie gesagt, er ist sehr gefährlich. Die Franzosen sind verteufelt streng, und da sie mir als Deutschen ohnehin nicht recht trauen, so fürchte ich, die Geschichte möge ein böses Ende nehmen."

„Du fürchtest? Geh, schäm' Dich! Hast Du noch nicht gelernt, daß der Soldat dieses Wort gar nicht im Munde führen darf? Gelt, wenn es sich darum handelte, den Franzosen einen Dienst zu erweisen, so müßtest Du in's Feuer gehen und würdest keine Gefahr scheuen. Wenn aber der Vater einen Dienst verlangt, da wird gegrübelt und überlegt, ob auch alles recht glatt und gefahrlos ablaufen wird. Bist mir ein sauberer Held, Du!"

„Nun, es sei! Also morgen Abend?"

„Morgen Abend in der Dämmerung werde ich hierher kommen. Du gibst mir Deine Uniform, die ich in meinen Kasten packe, der zum Glück ziemlich geleert ist. Ich gehe damit zum Maler, er verwandelt sich in einen französischen Soldaten und begleitet mich als solcher an die deutsche Grenze. Dort in Sicherheit gebracht, werde ich Dir Deine Uniform wieder bringen und Dich dann eiligst verlassen, um mit meinem Reisegefährten weiter zu ziehen. Denn es ist Zeit, daß ich der hiesigen Garnison aus dem

Wege gehe, da ich befürchte, der Sergeant Lemaître, dem ich bisher geschickt zu entgehen wußte, möchte mich endlich doch einmal entdecken. — Jetzt halte Dich bereit und verhelfe Deinem Vater zu einem Geschäfte, wie er lange keins mehr gemacht hat."

„Es sei denn!" erwiederte Franz, „ich werde kommen und das Wagestück unternehmen."

Vater und Sohn trennten sich. Ersterer blieb in der Herberge, wo er sich neben seinem Waarenkasten niederlegte, Franz aber kehrte nach der Kaserne zurück und dachte über das Abenteuer nach, das er am andern Tag bestehen sollte.

Die Stunde zur Ausführung des entworfenen Plans war herangekommen. Der junge Mathes war der erste auf dem Platze und erwartete seinen Vater, der mit der Dämmerung bei ihm eintrat. Es war gerade ein regnerischer Abend und es hätte für das Unternehmen keine bessere Zeit gewählt werden können. Der Regen schlug an die Fenster und auf der Straße war Niemand sichtbar, den nicht ein dringendes Geschäft hinausgeführt hatte. Der Hausirer nahm die von seinem Sohne ihm übergebene Uniform und packte sie eiligst in seinen Kasten. Hierauf verließ er die Herberge mit dem Versprechen, daß er in einigen Stunden wieder zurück sein würde.

Doch Stunde um Stunde verstrich dem Soldaten in banger und unerfüllter Erwartung. Der Vater kam nicht mehr zum Sohne zurück, und dieser sah der nächsten Zukunft mit Entsetzen entgegen. Schauderhafte Traumbilder verscheuchten zu jeder Stunde den Schlaf von seinen Augen, und als er den Morgen anbrechen sah, glaubte er nicht anders, als er müsse sich zu seinem letzten Gange rüsten und von der Kaserne aus das Blutgerüst besteigen. Ermattet und an allen Gliedern zitternd fanden ihn seine Kameraden auf seinem Lager, in ärmliche Kleider gehüllt und in Fieberhitze erglüht. René stand ganz gerüstet und wohl bewaffnet vor ihm, und als es endlich im Saale lebendig wurde, rüttelte ihn der ernste und unerbittliche Kamerad aus seinen Träumen und forderte ihn auf, ihm zu folgen.

## VIII.

„Wir sind auf deutschem Gebiet," sagte der Hausirer zu seinem

Begleiter, als sie das jenseitige Ufer erreicht hatten. „Für Sie wären jetzt alle Gefahren vorüber. Nun eilen Sie in jenes Wirthshaus und kleiden Sie sich schnell um, damit ich dem Jungen seine Uniform wieder bringe, dann warten Sie auf meine Rückkehr, und noch vor Tagesanbruch gedenke ich Ihnen Aufschluß über den Aufenthaltsort Ihrer Freunde geben zu können."

„Du bist ein sonderbarer Mann!" sagte Albert. „Für was dieses Geheimthun? warum sagst Du mir nicht sogleich, was Du mir in einigen Stunden doch sagen wirst?"

„Weil Sie, ungläubiger Thomas, mir den verheißenen Lohn, auf meine einfache Angabe hin doch nicht bezahlen würden. Wenn Sie Ihre Hand nicht in seine Wunde legen können, glauben Sie ja nicht an Ihren Heiland. Das haben Sie mir schon in Straßburg bewiesen, als ich Ihnen das Bild als Unterpfand geben mußte. Wie Sie sehen bin ich nicht so mißtrauisch gegen Sie, denn ich lasse Ihnen dasselbe und befürchte nicht, daß Sie während meiner Abwesenheit damit davonlaufen möchten."

„Närrischer Kauz!" lachte Albert. „Nun es sei, ich will Dir glauben! Du hast mir bereits einen so wichtigen Dienst geleistet, daß ich anfange eine bessere Meinung von Dir zu bekommen."

In wenigen Minuten hatte sich Albert umgekleidet. Mathes packte die Uniform wieder in seinen Kasten und verabschiedete sich von seinem Reisegefährten mit dem Versprechen, bald wieder zurück zu sein.

Doch der Maler wartete eben so vergebens auf die Rückkehr des Hausirers, als es der Sohn des letzteren gethan hatte. Die Nacht war bereits weit vorgerückt, als Albert ein Zimmer verlangte und sich zur Ruhe begab.

Am andern Morgen war seine erste Frage nach seinem Begleiter. Da ihn aber Niemand gesehen haben wollte, so nahm sich der Jüngling vor, seine Wanderung auf Geradewohl fortzusetzen und wenn es ihm nicht gelingen sollte, seinen Freunden in der Nähe des Rheins zu begegnen, seine Vaterstadt Nürnberg wieder aufzusuchen, die er etwa vier Jahre lang nicht mehr gesehen hatte.

Wochen vergingen dem Künstler in nutzlosem Suchen und Forschen. Wohl hörte er hin und wieder von Flüchtigen reden, die da und dort um Aufnahme gebeten und auch gefunden hätten;

aber die meisten waren wieder abgereist, um Freunde und Verwandte aufzusuchen, und die wenigen, die noch in der Gegend verweilten, wußten über die Familie des Bauherrn keine Auskunft zu geben.

Albert entschloß sich daher, nach seiner Heimath zurückzukehren und von dortaus Erkundigungen einzuziehen, so gut es eben gehen würde.

Im Vaterhause unseres Freundes begegnen wir einer jener Familien, die durch ihre Ehrenhaftigkeit eine Hauptzierde der stolzen freien Reichsstädte waren.

Alberts Vater, ein den Achtzigen nahestehender Greis, hatte jene Würde beibehalten, durch die sich die ersten Geschlechter jener Zeit so vortheilhaft auszeichneten. In Nürnberg geboren, hatte er im zartesten Kindesalter seine Vaterstadt noch in ihrer glanzvollen Periode gesehen, denn der dreißigjährige Krieg fing erst in seinem Verlaufe an, verderblich auf deren Wohlstand einzuwirken. Die Erinnerung an seine Jugendjahre ließ sich nie bei ihm verwischen, und obwohl Vieles ganz anders geworden war und das stolze Wort:

„Nürnberger Hand
„Geht durch's ganze Land!"

bei Weitem seine Bedeutung verloren hatte, so hielt der alte Patrizier seine Vaterstadt doch immer noch für die erste Stadt weit und breit, was ihm wohl in mancher Beziehung nicht abgesprochen werden konnte.

Sein Weib, ein altes Mütterchen und seit fünfzig Jahren seine treue Gefährtin, stand ihm noch im hohen Alter liebend zur Seite. Ein wahres Bild altdeutscher Häuslichkeit und Emsigkeit, drehte Martha noch im Greisenalter die Spindel und ließ sich's nicht nehmen, ihrem Eheherrn seinen Mittagstisch mit eigenen Händen zu bereiten. Der alte Herr ließ sich das gerne gefallen und war von der zärtlichen Fürsorge seiner Ehehälfte so sehr verwöhnt worden, daß ihm selbst die liebevolle Pflege seiner Tochter Elsbeth nicht zusagen wollte und ihm alles besser mundete, wenn es die Mutter aufgetragen hatte.

Alberts Schwester Elsbeth war eine stattliche Jungfrau. Eine treue Schülerin ihrer emsigen Mutter war sie, so wie diese, eine sorgsame Pflegerin des Hauses und fand ihren größten Stolz darin, wenn man die Reinlichkeit rühmte, die in ihrem ganzen Bereiche herrschte.

Der Sinn für die Kunst war von jeher bei der Familie vorherrschend, und viele von Albrecht Dürer's Meisterwerken zierten das Gemach, in dem sich der alte Herr am liebsten aufzuhalten pflegte.

Alberts Entschluß, das Vaterhaus auf einige Jahre zu verlassen, war beifällig aufgenommen worden, da, wie der Vater bemerkte, der junge Mann nicht nur fremde Kunstwerke, sondern noch viel mehr fremde Menschen und Sitten kennen lernen müsse, wenn er ein treuer Nachbildner der Natur werden wolle. Sein Aufenthalt in Speyer und sein Verhältniß zur Familie des Bauherrn waren den Eltern kein Geheimniß geblieben, denn Albert hatte alles getreulich berichtet. Große Unruhe herrschte aber seit dem letzten Jahre im Hause, da der Sohn nichts mehr von sich hatte hören lassen und man auch nicht wußte, was aus ihm geworden sei.

Vater, Mutter und Tochter saßen eines Abends traulich beisammen. Letztere hatte einen Vortrag aus dem Meistersänger Hans Sachs beendigt, der des Vaters Liebling war. Einige Gäste, die seit Kurzem auf Besuch bei der Familie waren, hatten sich eben zurückgezogen, und auch das Elternpaar wollte sich zur Ruhe begeben, als Jemand anklopfte und Einlaß begehrte. Erstaunt über die so späte Ankunft eines Gastes, nahm Elsbeth ein Licht und ging hinaus. Aber schon im Hausgange entstand ein lauter Jubel, und nach wenigen Augenblicken trat Albert in's Zimmer, fiel Vater und Mutter um den Hals, herzte und küßte sie und war kaum im Stande einige Worte hervorzubringen. Die Freude des Wiedersehens hatte bald den Schlaf von allen Augen verwischt und es drängte sich Frage an Frage, Bitte an Bitte, so daß Albert nicht wußte, wo er anfangen und wessen Neugierde er zuerst befriedigen sollte.

Erst als sich die Aufregung gelegt hatte und die Gemüther etwas beruhigt waren, dachte Elsbeth daran, dem Bruder einige Speisen vorzusetzen. Albert labte sich nach langer Zeit wieder einmal am häuslichen Tische und erzählte dann seine reichen Erlebnisse vom Anfang bis zum Ende.

„Sonderbar!" sagte der Vater. „Dieser Hausirer stimmt nach Deiner Schilderung so vollkommen mit einer Person überein —"

„Mit welcher?" unterbrach ihn Albert.

Doch Elsbeth sah den Vater bedeutungsvoll und so bittend an, daß er einlenkte, sich noch nach Diesem und Jenem erkundigte, sich Dieses und Jenes wiederholt erzählen ließ und dabei der Mutter zulächelte, die dem geliebten Sohne die blonden Locken aus der Stirne strich, sich in seinen Anblick vertiefte und nicht ermüdete, ihn anzuhören und seiner Erzählung aufmerksam zu lauschen.

Albert kam bei jedem Ereigniß, dessen er erwähnte, auf seine Geliebte und deren Familie zurück. Die Freude, die Seinigen wohlerhalten wiedergetroffen zu haben, wurde von dem Gedanken getrübt, daß es ihm nie gelingen werde, an den Ufern der Pegnitz je eine Kunde von der heißgeliebten Braut zu bekommen.

Als der Vater von den Bildnissen der Kaiser hörte und wie diese auf eine so sonderbare Weise wieder in den Besitz des Sohnes gekommen waren, konnte er dem Wunsche nicht widerstehen, dieselben heute noch zu sehen. Albert öffnete eine kleine Mappe — das einzige, was er in jener verhängnißvollen Nacht ohne Gefahr hatte mitnehmen können — und zeigte das Kunstwerk vor, das noch lange betrachtet und bewundert wurde. Hierauf begaben sich Alle zur Ruhe und erwachten am andern Morgen mit dem frohen Bewußtsein, daß der Sohn und Bruder allen Gefahren glücklich entronnen und wohlerhalten ins Vaterhaus heimgekehrt sei.

Es war noch am frühen Morgen, als Elsbeth leise und behutsamen Schrittes eine Treppe hinaufstieg, die zu den Zimmern des zweiten Stockwerks führte. Dort blieb sie vor einer Thüre stehen und lauschte. Mit sichtlicher Freude vernahm sie, daß sich drinnen schon etwas regte. Sie klopfte leise an und gleich darauf erscholl eine liebliche Stimme, die den Namen „Elsbeth!" rief.

„Ja wohl, Mathilde!" antwortete Alberts Schwester. „Oeffnen Sie nur, Sie Langschläferin, und lassen Sie sich einen schönen Morgengruß bringen."

Im nächsten Augenblick ward der Riegel zurückgeschoben, Elsbeth trat ein und die Tochter des Bauherrn Leonhard aus Speyer sah das freudestrahlende Mädchen mit Verwunderung an.

„So früh, Elsbeth?" fragte Mathilde, „schon so früh zu Scherzen und Neckereien aufgelegt?"

„Das nennen Sie früh, Mathilde? Die Lerchen haben schon längst ihr Morgenlied gesungen, und wer weiß, ob die kleinen Geschöpfe einem so frohen Tage entgegensehen, wie Ihre Freundin, meine Liebe!"

„Ist der heutige Tag ein besonderer Freudentag für Ihre Familie?"

„Für uns Alle, herzliebe Freundin! Doch Sie schütteln das schöne Haupt zweifelnd? Nun denn, wenn Sie mir nicht glauben, so muß ich wohl Zeugen herbeibringen, die meine Behauptung bestätigen. Sehen Sie?" fuhr sie lächelnd fort, indem sie die Kaiserbilder hervornahm, die sie bisher verborgen hatte, „zwei gewichtige Zeugen, alte Bekannte aus Ihrer Heimath und wahrheitsgetreue Männer."

„Mein Gott!" sagte Mathilde, indem sie ihre Stirne auf eine Hand stützte, als wolle sie ihre Gedanken sammeln und sich fragen, ob sie nicht träume.

„Nun?" fragte Elsbeth weiter, „kennen Sie die beiden Herren?"

„Ob ich sie kenne! Aber sagen Sie mir, Elsbeth —"

„Wo ich deren Bekanntschaft gemacht habe? Nicht wahr, das möchten Sie wissen? Nun, so hören Sie! In verflossener Nacht, als ich recht sanft schlief und von unsern lieben Gästen träumte, da erschien mir ein Engel in der Gestalt meines Bruders und —"

„O lassen Sie jetzt Ihre Scherze und sagen Sie mir allen Ernstes —"

„Wer sagt Ihnen, daß ich scherze, Sie ungläubige Seele? Der Engel erschien mir wirklich, der Bote des Friedens betrat in der That unser Haus und brachte mir höchst eigenhändig dieses Zeichen seiner Anwesenheit."

„So ist Albert heimgekehrt!" rief Mathilde liebestrahlend aus, indem sie die beiden Hände ihrer Freundin ergriff und sie mit Ungestüm an ihr Herz drückte.

„So ist es, meine Freundin! Albert ist heimgekehrt und träumt vielleicht jetzt noch von seiner Braut, die er nicht in seiner Nähe vermuthet."

„Wie? er wüßte nicht —"

„Gar nichts weiß er, holde Schwärmerin! Oder sollten wir dem Ermüdeten die erste Ruhe mißgönnen, nachdem ihn die lange Wanderung so sehr erschöpft hat? Sie sind grausam, meine Liebe! Doch ich verzeihe Ihnen. Ich verlasse Sie jetzt, um das Haus zu ordnen und es für den heutigen Freudentag würdig vorzubereiten. Ich gebe Ihnen die Erlaubniß, Vater und Geschwister von dem frohen Ereigniß Nachricht zu bringen und erwarte Sie Alle zum gemeinschaftlichen Frühstück."

Hierauf verließ sie das Zimmer und begab sich wieder in die untern Räume des Hauses.

Unterdessen war es auch dort rege geworden, denn auch der alte Herr hatte sein Lager früher als gewöhnlich verlassen. Mutter Martha erschien heute in einem gewählten Anzuge und der Vater lächelte über die Sorgfalt, die Mutter und Tochter auf die würdige Feier des Tages verwendet hatten.

Albert trat ein, brachte den Eltern den Morgenkuß und umarmte die Schwester aufs herzlichste. Hierauf nahm er seinen gewohnten Platz am Tische ein und sah mit Befremden mehrere überflüssige Gedecke.

„Du staunst, Albert," sagte der Vater lächelnd, „und glaubst, Deine Eltern hätten während Deiner Abwesenheit angefangen, ein großes Haus zu bilden? Laß es gut sein, mein Sohn! Unsere Gäste werden Dich nicht belästigen, und Du sollst Deine Freude haben, wenn Du siehst, wie gut sie sich in unsere Hausordnung zu fügen wissen. Geh, Elsbeth, bitte unsere Freunde zum Morgenimbiß und sage ihnen, daß sie der Sohn des Hauses begrüßen möchte."

Elsbeth ging und kam bald darauf mit Leonhard, Gottfried und Mathilde wieder zurück, die alle auf Albert zueilten und ihn abwechselnd in ihre Arme schlossen.

„Mathilde, meine geliebte Braut! Gottfried! Vater Leonhard!" waren die einzigen Worte, die Albert hervorbringen konnte. Die greisen Eltern sahen wonnetrunken auf diese Gruppe, während ihr Sohn Vater und Mutter um sich her vergaß und nur an

5*

seine Braut und seine Freunde dachte, die er zu wiederholten Malen an sein Herz drückte.

Als der erste Sturm vorüber war, setzten sich alle um den Tisch. Die Unterhaltung bewegte sich, wie natürlich, um die Ereignisse, die vor und nach dem Brande stattgefunden hatten. Albert erzählte, was dem Leser bereits bekannt ist, worauf ihm seine Freunde noch Folgendes mittheilten:

„Das Schicksal unserer Stadt war entschieden," begann Gottfried, „denn nach Deiner Entfernung wurde der Antrag des Generals nochmals wiederholt, aber nicht mehr durch den Hauptmann Legrand und auf keine so ehrliche Weise wie früher, sondern durch einen Bürger aus Speyer selbst, der sich ohne Zweifel zu einem Bubenstreich hergeben wollte."

„Ist's möglich?" rief Albert zornentflammt aus.

„Wie ich Dir sagte," fuhr Gottfried fort. „Dieser Bursche, der unser Haus früher nie betreten hatte, und den wir nicht einmal kannten, brachte uns die Nachricht, daß Mathildens Geliebter in großer Gefahr sei und nur durch das persönliche Erscheinen der Schwester beim Commandanten gerettet werden könne. Wir trauten seinen Worten nicht und witterten einen Verrath. Denn das Aeußere dieses Menschen war durchaus nicht einladend, ihm unbedingten Glauben zu schenken. Sein rothes Haar und sein verschmitztes Gesicht —"

„Wie?" unterbrach ihn Albert, „sollte dieser Mensch —"

„Es ist kein Zweifel," fuhr Gottfried fort, „daß Dein Hausirer und der Fuchswirth von Speyer, dessen Sohn in französischen Sold getreten war, in einer Person zusammentrafen. Genug, wir trauten ihm nicht und wiesen seinen Antrag mit Unwillen zurück. Von jenem Augenblicke an befürchteten wir das Schlimmste für die Schwester, rafften das Werthvollste zusammen und flohen über den Rhein. Die Verhältnisse ermahnten uns zur Eile, und später erfuhren wir, daß es die höchste Zeit gewesen sei. Denn kurz nach unserer Abreise kam der Schurke wieder in unsere Wohnung, und als er dieselbe leer fand, machte er sogleich die Anzeige bei den Franzosen, die herbeiströmten und alles zertrümmerten, was sie nicht als gute Beute mitnehmen konnten."

„Wie uns später unsere Leidensgenossen erzählten, soll der

Wirth zur „Fuchshöhle" beim Plündern unserer Habe am thätigsten gewesen sein. Die Bildnisse der Kaiser, die Mathilde in der Verwirrung vergessen hatte, sind ohne Zweifel in seine Hände gefallen, und der Bube wird sich noch manches Werthvolle als Sündenlohn angeeignet haben."

„Aber wie konnte ihm Euer Aufenthalt bekannt sein?" frug Albert.

„Den mußte er durch Verrath erfahren haben. Ein Diener unseres Hauses, der sich in letzter Zeit dem Trunke ergeben hatte, war damals krank und konnte oder wollte uns nicht begleiten. In seiner Gegenwart haben wir einigemale den Ort auf dem rechten Rheinufer genannt, den wir zur Zeit der Gefahr als Zufluchtsstätte wählen würden. Ohne Zweifel gehörte dieser Mensch zu den Gästen des Fuchswirths, und er wird ihm auch das Dorf genannt haben, wo Du uns, nach seiner Meinung, finden würdest. Wir suchten diesen Ort wirklich auf; da aber die Familie, die dem Vater von früheren Jahren her bekannt war, in kurzen Zwischenräumen Vater und Mutter verloren hatte, so verweilten wir nur wenige Tage bei derselben und faßten, auf meinen Vorschlag hin, den Entschluß, die Deinigen aufzusuchen und uns denselben auf Gnade und Ungnade zu ergeben. — Wir kamen hier an, fanden eine liebevolle Aufnahme, sehnten uns von Tag zu Tag nach einer Nachricht von Dir, geliebter Freund, und siehe, Du warst so freundlich, sie uns persönlich zu bringen! — Jetzt ist alles wieder gut, mein Herzensfreund! Mein Vaterhaus ist zerstört, aber das Deinige steht fest auf seinen Säulen, und nun bitten wir den Sohn, uns das nicht zu versagen, was uns sein Vater so bereitwillig gewährt hat. Gönne uns den Aufenthalt bei Dir, gute Seele, und lasse uns hier wohnen, bis bessere Zeiten kommen werden, die es uns gestatten, unser Haus wieder aufzubauen."

„Dank, meinen herzlichen Dank für dieses Zutrauen!" sagte Albert, indem er den Freund in seine Arme schloß, „und Dank Dir, geliebter Vater, für Deine Liebe zu meinen Freunden! Was mich betrifft, so kenne ich kein größeres Glück, als euch Alle nie mehr aus diesem Hause scheiden zu sehen. Ein Dach wölbe sich schützend über unsern Häuptern! ein Band umschließe unsere Familien! der ei ne Wunsch beseele uns Alle, daß uns das Schicksal nie mehr trennen möge. Dazu aber bedürfen wir noch Deines Segens, Vater! Vereinige meine Hand mit der Mathildens, so wie unsere Herzen schon längst vereinigt sind."

Der Greis gab seinem Sohne und dessen Braut ein Zeichen. Beide traten zu ihm hin, knieten vor ihm nieder und erhielten den väterlichen Segen.

Das Familienband war geschlossen, aber schon nach wenigen Wochen sollte es noch enger geknüpft werden. Gottfried und Elsbeth hatten sich schon vor Alberts Ankunft gegenseitig schätzen gelernt, und als man bereits anfing Alberts Vermählungstag zu bestimmen, hatten die beiden Väter eine neue Einwilligung zu geben, einen neuen Segen zu spenden.

---

Wir überspringen einen Zeitraum von zehn Jahren. Nach dem Ryswiler Frieden kehrten viele der verarmten Bürger in ihre Heimath zurück und erbauten sich nach und nach neue Wohnungen auf den Trümmern ihrer in Schutt liegenden Häuser. Es herrschte eine Emsigkeit ohne Ende und der heimische Boden lächelte seinen alten Bekannten bald wieder freundlich entgegen. Schutt und Aschhaufen waren beseitigt und Axt und Beil, Hammer und Kelle lärmten geschäftig an allen Ecken und Enden. Mauer um Mauer stieg aus der Erde hervor, und die vereinten Kräfte der von gleichem Schicksal Betroffenen und von gleicher Vaterlandsliebe Beseelten wirkten Wunder der Beharrlichkeit, der Ausdauer und des Fleißes. Bald gab es größere und kleinere Wohnungen, die mehr Familien beherbergten, als später einzelne Personen. Doch die Liebe hatte für Alle Raum geschaffen, die Hoffnung auf eine bessere Zukunft hatte Alle gekräftigt, der Glaube an eine gütige Vorsehung, die nicht immer zürnen werde, hatte Alle ermuthigt, mit neuer Kraftanstrengung an das Tagewerk zu gehen und rastlos zu wirken und zu schaffen, um den vom Feinde angerichteten Schaden wieder auszubessern.

Schon waren wieder ganze Straßen aus ihrem Grabe erstanden, als eines Tages der Bauherr Leonhard, den es mit unwiderstehlicher Macht nach seiner geliebten Vaterstadt zog, mit Kindern und Enkeln in derselben ankam und die Stelle aufsuchte, wo ehemals seine Wohnung gestanden hatte. Ein unaussprechlicher Schmerz bemächtigte sich des alten Mannes, als er den Ort wieder betrat, auf dem seine Vorfahren ihr Haus gegründet, auf dem er selbst so glückliche Tage verlebt hatte. Oede lag die Stätte, auf der sich vormals der prächtige Bau erhob; die reichen Stukaturarbeiten waren spurlos verschwunden, das Täfelwerk verkohlt, der ganze Bau in sich zusammengestürzt. Ein gefallener Riese lag das prachtvolle Kunstwerk eines alten deutschen Meisters mit seinen zerschmetterten und zerrissenen Gliedern da, rettungslos dahin, hilflos zu Grunde gegangen.

„Das darf nicht so bleiben!" sagte Vater Leonhard, nachdem er lange in Schmerz versunken im Kreise seiner Familie diese Zerstörung betrachtet hatte. „Mache Dich auf, Gottfried! wir wollen unsere alte Kunst erproben und noch einmal frisch ans Werk gehen."

„Es sei, Vater!" erwiederte der Sohn. „Ja, wir wollen unsere alte Kunst erproben und das Haus unserer Väter wieder aufbauen. — Runzle die Stirne nicht so finster, Freund Albert! wir werden uns deßhalb doch nicht für immer trennen. Mißgönne dem Vater das Glück nicht, seine alten Tage in seiner Heimath zuzubringen, und gestatte es Deinem Freunde, dieses Glück mit ihm zu theilen. Das Vaterland hat eine gar mächtige Anziehungskraft, und eine Hütte auf dem geheiligten heimischen Boden wiegt den größten Palast in der Fremde auf. Zürne uns daher nicht, mein Freund, wenn wir uns unwiderstehlich zu diesen Trümmern hingezogen fühlen."

Es wurde rasch Hand ans Werk gelegt und schon nach kurzer Zeit war der Schutt beseitigt und der Platz geebnet.

Eine gleiche Liebe beseelte Alle, die wieder heimgekehrt waren. Der Ort bekam immer mehr das Ansehen einer Stadt, und die Zerstörungs- und Vertilgungswuth der Franzosen war beinahe bis auf das Andenken verschwunden.

Inmitten dieser rastlosen Geschäftigkeit wanderte eines Tages ein Bettler durch die sorgfältig angelegten Straßen. Er sah mit stieren Blicken um sich her und schien zuweilen aus Scheu oder Furcht in eine Seitengasse einzubiegen. So kam er auch an die Stelle, wo Meister Leonhard mit seiner ganzen Familie in festlichem Anzuge der Grundsteinlegung seines Hauses beiwohnte. Ein frommer Spruch von Seiten des Meisters eröffnete die Feier, die durch andere Reden noch gehoben wurde.

Nach alter Sitte wurden dem Schooße der Erde mehre Dinge von Werth anvertraut. Ein Jeder legte etwas hinein, das ihm durch die Gewohnheit oder durch den Gebrauch lieb geworden war. Denn mit der Einsenkung eines theuern Gegenstandes sollte der Bau noch nach Jahrhunderten Zeugniß geben, wie sehr der Bauherr, für den man ihn errichtet hatte, geliebt worden sei. — Als die Reihe an Alberts Gattin Mathilde kam, brachte sie eine Mappe hervor, aus der sie ein Bild nahm. Es waren die Bildnisse der Kaiser mit der in Goldbuchstaben eingehauenen Urkunde.

Sie näherte sich dem Ecksteine, hob das Bild in die Höhe und sagte mit zitternder Stimme:

"Unsere Hoffnungen sind zu Grabe gegangen und die von Jahrhunderten uns gewährleisteten Rechte mit Füßen getreten worden. Alles Heilige mißachtend, hat der herzlose Nachbar unsern prächtigen Dom niedergebrannt und die Kaiserbilder zerstört, die von unserer Freiheit zeugten. Diese That wird im Andenken eines jeden Deutschen ewig fortleben, und wenn je die gleißende Schlange wieder Gelüste haben sollte, unsern deutschen Boden mit ihrem Gifte zu bespritzen, so würden Alle wie ein Mann aufstehen, um ihr den Kopf zu zertreten."

"Diese Bilder aber, die mir durch ihren Geber doppelt werth geworden sind, sollen durch ihren Anblick keines Menschen Herz mehr betrüben. Ich übergebe sie der Mutter Erde, auf daß sie zu einer Saat entkeimen mögen, die der Nachwelt die inhaltsschweren Worte zuruft:

"Dieses Haus steht unter dem Schutze Gottes, der es verhüten wolle, daß je der deutsche Boden wieder von dem gefährlichen Nachbar betreten werde."

Hierauf wollte sie das Bild zu Grabe bringen. Aber in demselben Augenblick ward eine gellende, mißtönende Stimme hörbar, die die Worte rief:

"Haltet ein! das Bild gehört mir!"

Alle sahen sich erstaunt um und gewahrten den Bettler, der

sich keuchend herbeischleppte, auf Mathilde zuging, ihre Hand erfaßte und sie krampfhaft umschloß.

„Das Bild gehört mir!" stöhnte er, indem sich seine Augen unheimlich in ihren Höhlen bewegten. „Gebt mir das Bild, es ist das Einzige, was ich noch mein nennen darf."

„Es ist der Wirth zur „Fuchshöhle!" sagte Gottfried mit Abscheu.

„Der Hausirer!" fügte Albert hinzu. Und indem er sich dem Unglücklichen näherte und seine Gattin von dem Ungestüm des unheimlichen Gastes befreite, sagte er:

„Wie kommst Du hierher, und wo warst Du, seit Du mich verlassen hast?"

„Auf den Galeeren!" sagte Mathes mit einem schrillen und unheimlichen Gelächter.

„Auf den Galeeren? und Dein Sohn?"

„Mein Sohn?" erwiederte der Unglückliche, indem er einen fürchterlichen Schrei ausstieß, „mein Franz? Den schleppten sie in meinem Beisein vor die Fronte, neun Scharfschützen zielten auf seine Brust, und im nächsten Augenblick lag er, in tausend Stücke zerrissen, vor meinen Füßen. Jeder Fetzen sah mich trauernd an und raunte mir die Worte zu: „Vater, Du hast Deinen Sohn ermordet!" Und als sie mich an die Galeeren geschmiedet hatten, plätscherte mir jede Welle das Todtenlied meines Kindes entgegen. Sein zerrissener Leib zeigt sich mir fortwährend im Schlafe und rüttelt mich mit dem Weheruf auf: Vater, du hast mich erschlagen! O gebt mir das Bild zurück, damit ich etwas habe, das mich an meine früheren Tage erinnert."

„Das Bild gehört nicht Dir," sagte Gottfried, „denn Du kamst nicht rechtmäßig in seinen Besitz."

„Gebt mir das Bild!" schrie jetzt der Bettler mit Ungestüm und von neuem den Versuch machend, sich Mathilden zu nähern. Doch die Männer hielten ihn zurück und Albert, der sich des wahnsinnigen Alten erbarmte, sagte mit sanfter Stimme:

„Geh, mein Freund! Das ist so eine von Deinen Launen. Was thust Du mit einem Bilde, das Dir in Deiner jetzigen Lage gar wenig nützen würde?"

„Was ich damit thue? Ich will es meinem Franz bringen.

Der gute Junge hat nichts mit ins Grab genommen, als einige Stückchen Blei, die sein Herz zerrissen. Gebt mir das Bild, und ich will sein Grab öffnen, ihn um Verzeihung bitten und ihm eine Liebesgabe bringen. Ich habe ja sonst nichts mehr, da sie mir Alles genommen haben."

Und der Elende sank in die Kniee und weinte bitterlich.

„Gib ihm das Bild!" sagte Albert.

„Ja, thu' es, Mathilde!" fügte Gottfried hinzu.

Doch Mathilde war unerbittlich. „Das Bild ist mir in vielen Beziehungen theuer geworden," sagte sie, „und wenn ich es aus den Händen gebe, so will ich mindestens überzeugt sein, daß es nicht in den Besitz von Menschen komme, die seinen Werth nicht verstehen oder vielleicht selbst ihren Spott damit treiben. Dieser Bettler wird, wenn es ihm je die Kraft erlaubt, wieder nach Frankreich zurückkehren und meinen größten Schatz dem ersten besten Trödler zum Kauf anbieten. Nein, den Triumph, noch nach Jahren unseres Unglücks zu spotten, gönne ich den Franzosen nicht, und das Andenken meines Bräutigams ruhe für ewige Zeiten im geheiligten deutschen Boden."

Mit diesen Worten senkte sie das Bild in die Erde, und nach wenigen Augenblicken wurde es nebst den andern Gegenständen von dem Stein bedeckt, der dem Hause als Hauptstütze dienen sollte.

Als der Bettler dieses sah, stöhnte er aus tiefer Brust, und mit dem Worte: „Franz!" sank er leblos zusammen.

―――

Leonhards Haus wuchs zusehends aus dem Boden hervor, und als es in dem frühern Style wieder über seine ganze Umgebung hervorragte, bezog es der Bauherr mit seinen Kindern und Enkeln. Doch verweilte Mathilde nur kurze Zeit bei ihrem Vater und kehrte mit Albert nach Nürnberg zurück, wo sich der Sohn noch manches Jahr des Umgangs mit seinen greisen Eltern zu erfreuen hatte.